2016年度国家出版基金资助项目

“十二五”国家重点图书出版规划项目

中国科学技术研究领域高端学术成果出版工程

中国科学院自然科学史研究所“十二五”重大突破项目

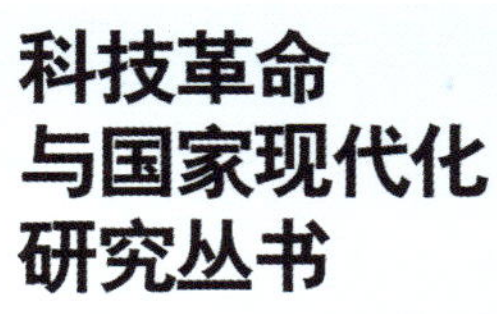

科技革命
与国家现代化
研究丛书

张柏春　主编

科技革命与德国现代化

方在庆　朱崇开　孙烈　崔家岭　朱慧涓　黄佳　著

山东教育出版社

图书在版编目（CIP）数据

科技革命与德国现代化 / 方在庆等著 .— 济南 ：山东教育出版社，2017.6

（科技革命与国家现代化研究丛书 / 张柏春主编）

ISBN 978-7-5328-9833-6

Ⅰ. ①科… Ⅱ. ①方… Ⅲ. ①技术革新—关系—现代化建设—研究—德国 Ⅳ. ①F151.643 ②D751.6

中国版本图书馆CIP数据核字（2017）第172539号

KEJI GEMING YU GUOJIA XIANDAIHUA YANJIU CONGSHU

KEJI GEMING YU DEGUO XIANDAIHUA

科技革命与国家现代化研究丛书　张柏春/主编

科技革命与德国现代化　方在庆　朱崇开　孙烈　崔家岭　朱慧涓　黄佳/著

主管单位：山东出版传媒股份有限公司

出版发行：山东教育出版社

地址：济南市纬一路 321 号　邮编：250001

电话：（0531）82092660　网址：www.sjs.com.cn

印　　刷：山东临沂新华印刷物流集团有限责任公司

版　　次：2017 年 6 月第 1 版

印　　次：2017 年 6 月第 1 次印刷

开　　本：710 毫米 × 1000 毫米　1/16

印　　张：12.75

字　　数：165 千

定　　价：62.00 元

（如印装质量有问题，请与印刷厂联系调换）印厂电话：0539-2925659

总　序

现代化和科技革命是当代中国社会的热议话题，也是出版物中的高频术语。现代化是19世纪60年代以来中国的宏大实践，在20世纪30年代成为学者们广泛关注的议题。中华人民共和国在建国伊始就着力推进产业和国防的现代化，并且在五六十年代将现代化逐步具体化为农业、工业、国防和科学技术等方面的现代化。1964年，中央政府宣布以建成“一个具有现代农业、现代工业、现代国防和现代科学技术的社会主义强国”为发展目标。1978年，中央强调科学技术是生产力，是“四个现代化”的关键。此后，“科学革命”“技术革命”“科技革命”等概念深得学者们的认同。三四十年来，政府和科技界希望国家能抓住“新科技革命”的机遇，且借此实现现代化。那么，科技革命与现代化究竟存在怎样的关系？这正是本套《科技革命与国家现代化研究丛书》试图探讨的核心问题。

现代化、科学革命和技术革命等都是非常复杂的概念。本套丛书中，我们将“现代化”理解为农业社会向工业社会的转变，工业化是这一转变进程中的一条主线。现代化始于西欧，逐步扩展到欧洲其他地区、北美以及亚、非、拉等地，其间伴随着工业强国的殖民扩张和“被现代化”国家的社会转变，包括转变中出现的弊端。我们所讨论的“科技革命”是科学革命和技术革命的简称，是指相对于知识进化而言的重大知识变革。第一次科学革命是指16和17世纪发生在欧洲的科学变革，其主线是由哥白尼拉开序幕，从伽利略到牛顿的物理学、天文学和数学等学科的理论突破及具有现代特点的科学建制化。第一次工业革命与第一次技术革命相伴发生，其主要标志是蒸汽机的发明和应用。历次的科学革命、技术革命和工业革命的成果在全球化的进程中传向世界各地，被人们普遍共享和发展，并影响到当地的知识和社会的转变。现代化、科学革命和工业革命（技术革命）早已成为一些史学家叙事的方法和框架，相关著述浩如烟海。有趣的是，此前学界对科学革命和技术革命的研究主要集中于欧洲，如意大利、英国、法国和德国，而对现代化的研究则主要关注该进程中的后起国家，如日本、中国、印度等。有关欧洲现代化的研究主要集中于早期现代国家制度产生的过程及文化上的现代性等方面。其原因显而易见，科学革命和技术革命主要发生在西方国家，而当以工业化为主线的现代化概念盛行时，西方发达国家已完成了由农业社会向工业社会的转变。然而，无论在西方还是在东方，每个国家都有其现代国家制度的确立及工业化的实现的具体过程，也同样都有现代科学和技术的形成和制度化的不同历程。

中国科技事业发展和现代化建设要求人们理解世界科学技术的发展历程，以求得历史借鉴和启发。李约瑟（Joseph Needham）等国际学者能够研究中国的科学技术传统，我们也应该以自己的眼光审视世界科学技术的发展，提出新的学术问题和见解。1978年以来，中国科学院自然科学史研究所将世界科学技术史列为一个新开拓的研究方向，其重点是西方近现代科学技术史，编著了《20世纪科学技术简史》和《贝尔实验室》等学科史和机构史的著作。为了进一步探讨世界科技史，我们与中国科学院规划战略局在2010年春季开始组织研究"科学革命、技术革命与国家现代化的关系"，选择意大利、英国、法国、德国、俄罗斯（苏联）、美国和中国等国家为案例，着力阐释我国社会普遍关注的科技革命、现代化等重大问题，其中涉及发展的路径和模式。这个项目将对科学革命、技术革命的研究扩展到俄罗斯和中国等科学革命或工业革命的非原发国家，探讨"地域性的"科学革命或技术革命以及外力冲击下启动的现代化。一方面，从科学和技术的发展去理解社会的转变；另一方面，从社会的发展去理解科学和技术的变革。对这类复杂问题的探讨必定既有共识，又见仁见智。

经过认真筹划和评议，这项工作被中国科学院批准为"十二五"规划项目，同时被国家新闻出版总署列为"十二五"出版规划项目，并得到山东教育出版社的大力支持。为了实施这项计划，我们邀请自然科学史研究所、北京大学、清华大学、美国波莫纳加州理工大学（California State Polytechnic University，Pomona）、意大利卡西诺大学（Università di Cassino）等科研机构和大学的近30位专家学者，开展个案研究和综合研讨。为了完善研究计划，项目组在2012年访问德国马普学会科学史研究所（Max Planck Institute for the History of

Science），与雷恩（Jürgen Renn）所长等近20名西方科技史专家学者讨论这项研究的框架、主要内容、典型案例、方法论、前人工作和资料基础等重要问题。此外，项目组还听取了美国、法国、俄罗斯、意大利、英国等国专家的建议。国际同行的中肯意见对项目的设计和实施很有帮助。

科学革命、技术革命与现代化的关系是一个富有挑战性的、视野宽阔的大题目，对这个专题的研究在国际上非常鲜见。我们期望通过探讨这样的题目，能够为学术研究贡献点滴新知识，对读者思考有关问题提供线索。当然，在国内的世界科技史研究积累薄弱的情况下，研究这么大的新题目算是一次冒险的尝试。无论我们怎样努力，《科技革命与国家现代化研究丛书》都会挂一漏万，不过是万里长征的第一步。受研究基础的限制，目前完成的书稿中难免有疏漏，甚至错误，敬请学界同道和读者朋友们不吝赐教。

中国科学院自然科学史研究所

张柏春

2017年5月6日

于科学院基础园区

目　录

引　言

19世纪下半叶至20世纪30年代初，德国曾被誉为世界的“科学中心”。与此同时，德国从一个落后的农业国，一跃成为欧洲最发达的工业大国。在这个过程中，科学和技术的发展扮演着极为重要的角色；从全球史的视野来考察这一过程，我们发现，科学的发展从来都不是单向度的，作用因素也从不是单一的，科学在德国的兴起与衰落，不只是德国自身因素在起作用，还与周边国家的科学发展息息相关。在整个过程中，有一点是比较清楚的：在落后时，向比自己发达的国家学习；在领先时，又担心被超越，克服内部压力，改革科研体制，使之永葆活力。从研讨班的设立到实验室的兴起再到专业科研机构的大力发展，其中既包含教育理念的革新、研究模式的更新以及科研体制的创新，也体现了科学与社会、政治与文化间千丝万缕的关系。本书从德国近两百年的科学发展史中抽取出几个片段，试图说明这些科学发展中的各种内外因素是如何纠缠在一起的。

一

近代自然科学是在西欧产生的，它的兴起与大学的出现有着密切的关系。虽然德国境内的大学早在14世纪就出现了，但一直到17、18世纪之交，大多数大学还只是教授墨守成规的知识，不是新颖的观念，教授们也并不被寄希望于产出新的知识。1810年柏林大学的成立，从根本上改变了传统的教育理念。在威廉·冯·洪堡看来，发展大学是一种最高手段，只有通过它，普鲁士才能为自己赢得德意志世界乃至全世界的尊重，从而取得真正的启蒙和精神教育上的世界领先地位。学术研究是个人处于既孤寂（Einsamkeit）又自由（Freiheit）的状态下思考的结果。只有处在这种状态中，个人的注意力才能高度集中，从而产生创造性的工作。有学者认为，柏林大学创建后，成功实践了“学术意识形态”（Wissenschaftsideologie）这个概念。它成为19世纪德国大学的官方意识形态，人们不但赋予了它一种令人敬畏的、几乎等同于宗教的地位，而且还将它定义为德国大学的“思想”。正是在这种学术意识形态的作用下，“探索的体制化”第一次融入了教学，追求科学和学术研究成为德国大学的核心特点，到19世纪中叶，德国大学几乎完全转变成研究机构。1860年后，这一“学术意识形态”被传播到了英国和美国。（沃森，2016）[9]

在教育氛围因学术意识形态的作用得到改善的同时，研讨班（Seminar）作为一种新型的、更为紧密的教学模式开始出现并得到了很好的发展。它看重的是观念以及知识交流，它比讲座有着更小的课堂规模和更亲密的气氛，被认为是学习的高级阶段，是为了那些真正投身于专业研究的人才设置的。最初是哥廷根大学发展了研讨班，到了19世纪中叶，海德堡大学、波恩大学以及柯尼斯堡大学都开设有自然科学方面的研讨班。研讨班的形式启发了现代意义上的研究，导致了现代意义上的博士学位的出现，引出了学术化、分科化的“学科”或者专业，使现代大学的组织形式嬗变为以“院系”为单位，还使教学与研究在比例关系上平分秋色。新型研讨班在传遍德国、传遍各个学科的同时，也有力地促进了新型批判方法的普及。

二

在这种学术意识形态的影响下，大学作为最重要的科学研究场所为科学工作者提供了固定的研究舞台。科学研究的职业化和体制化最早在德国出现。19世纪下半叶，德国大学几乎完全转化成研究机构，其中有些可以说是科学共同体里各个领域的活动中心。当时的德国人才辈出，高斯、李比希、霍夫曼、亥姆霍兹、克劳修斯、基尔霍夫、黎曼、凯库勒等，这些来自各个领域的杰出科学代表，要么是代表了当时科学的最高水准，要么是开创了崭新的研究领域、创立了新的学科。到了19世纪末，德国已经成为一个实干家和革新者的国度，一个世界知名自然科学家们沉浸其中的国度，吸引了世界各地最有能力的学生来到他们的大学与实验室。

作为当今科学技术研究的重要阵地的实验室，其价值也是在这时的德国得到了发掘和重视。19世纪20年代以前，实验室研究还处于一种卑微的地位。它被认为是专为药剂师今后的职业培训所设计的，不适合在大学里讲授。这种地位的改观要归功于李比希。1824年，李比希担任吉森大学的编外教授。上任伊始，他就和两名同事建立起了自己的教学实验室，很快便招募了20人。李比希还自己设计了新的设备并投入使用，使得分析更快、更准确。由李比希领导的吉森化学实验室，成为当时欧洲乃至全世界的一流实验室。那里集结了欧美（包括东欧）各国最有才华的青年。后来奠定染料化学和染料工业基础的霍夫曼，科学史中广为流传的梦见苯的环状结构的凯库勒，都是这个实验室的成员。他们以在世界上任何地方都从未有过的实验室规模和实验热情，夜以继日地进行着实验研究。

19世纪后半叶，思想层面学术意识形态的影响日益深刻，实践层面实验室已广泛兴起，基于工业界的需求，大学教授成了实验室的抢手货。尤其到了19世纪末，既要满足工业界的需求，又要完成一定时数的教学任务，对于许多一心只想从事研究的科学家来说，就成了两难的问题。包括科学家、教育家、实业家以及公务员在内的一些有识之士开始奔走呼吁成立一种全新的学术研究机构。它应独立于大学之外，以纯研究为导向，没有教学任务；它应独立于各邦之外，只接受来自中央政府的拨款和私人企业的捐赠。帝国物理技术研究所（PTR）就是在这样的需求下应运而生的。它成立的目的是代表纯科学研究和工业技术方面的最高水平。

作为实业家和科学家的西门子，为这个新机构的建立出力甚多。他一方面想建立一个进行纯科研的机构，另一方面也想让这样的机构满足技术上短期的和长期的需要。帝国物理技术研究所首任所长是亥姆霍兹，之后又有许多非常有名望的物理学家，如科尔劳什、瓦尔堡等相继担任所长。在这个研究所曾进行过一系列重要的实验，如最终导致量子物理学诞生的黑体辐射实验；为基于科学的工业制定了计量标准；对科学仪器、测量装置和材料进行检测和证明。帝国物理技术研究所站在了19世纪末20世纪初科学技术制度创新的最前沿。也许最能证明其成功的就是它带来了许多模仿者，如英国的国家物理实验室、美国的国家标准局，以及德国在1921年成立的帝国化学技术研究所（CTR）。

不过，在德国科学发展史上真正能称得上是大放异彩的科学还属物理学。从物理学所使用的方法和术语可以感知，这门学科在19世纪上半叶经历了根本性的变迁。数学已经与物理学紧密地联系在一起了。从牛顿力学到分析力学，再到电动力学，物理学的研究领域越来越精致化。与此同时，更为建制化的物理学研究机构和学术团体得以成立。1845年，柏林物理协会成立。1887年，帝国物理技术研究所成立。此外，在19世纪70年代，很多大学开始设立理论物理学教席。有研究显示，在19世纪，有800名来自英国和北美的物理学家与化学家在德国获得博士学位，39名英国重要的科学家受到德国思想的影响。这一时期物理学领域最具代表性的人物首推亥姆霍兹。他运用数学方法，将热、光、电、磁等现象解释为“能量”的不同表现形式，从而将它们联系起来。这也导致了热力学和统计力学的发展。概率被引入物理学的同时，也为19世纪末20世纪初的物理学危机埋下了伏笔。由于黑体辐射等现象的出现，牛顿力学与电磁力学、热力学之间的内在矛盾显露无遗，物理学革命出现了。相对论和量子力学就是这场革命的产物。在这一过程中，爱因斯坦、普朗克以及后来的海森伯、玻恩、索末菲等人都发挥了巨大的作用。

三

与帝国物理技术研究所不同，1911年一个实业家协会创办了威廉皇帝学会，目的在于解决工业界对科学的需求。威廉皇帝学会主要从事基础研究，它与大学里的基础研究相互竞争。为了特定的研究计划，常常为某个科学家成立一个特定的“威廉皇帝研究所”。这个科学家可以与他的助手和合作者一起全身心地进行科学研究，不去考虑教学等方面的事务。最初建立的一些研究所，比如威廉皇帝物理化学和电化学研究所，是由德国实业家捐赠巨资建立的。威廉皇帝学会总是试图从不同的渠道谋得资金，以免受某个特定捐资者左右。其获得的资金有三个来源：帝国政府、各邦政府或地方政府以及感兴趣的实业家。它在一战前夕，已经建立了威廉皇帝生物学研究所、化学研究所、煤研究所、实验治疗研究所、劳动心理学研究所以及物理化学研究所。尽管每个研究所都有自己的研究导向，但对研究人员的业余研究却不做太多限制。威廉皇帝学会的运作模式也被当成楷模，成为争相效仿的对象。

正当威廉皇帝学会准备大展拳脚之时，第一次世界大战爆发，这从根本上改变了德国的科学政策。正如协约国一样，许多德国科学家狂热地欢迎1914年的战争。但是他们通常是以士兵身份，而不是以科学家的身份参与到战争中。由于年轻职员和大学生都参与到大战之中，大学和研究机构几乎形同虚设。而此时，由哈伯领导的威廉皇帝物理化学研究所却成功地转型，从一个纯学术研究机构，全力以赴地转变为一个为战争服务的应用研究机构。一战结束后，德国的研究工作被迫处于停滞状态，《凡尔赛条约》的签订无异于雪上加霜。但是一战期间创立的研究机构还在，而且科学家与工程师、政府与工业界之间建立的密切联系还存在。这也是一战后德国科学能继续繁荣的基础。

魏玛共和国时期，科学团体遭到了非常沉重的打击。战后窘迫的经济状况迫使许多科学家为了养家糊口，不得不从事第二职业或另谋出路。一些原本热心支持科学研究并从中获利的企业，如煤炭、钢铁界的巨子，由于自身不景气，也停止了对研究的资助。众多研究所的预算降低到了难以维持甚至破产的地步。

尽管在经济上如此困顿，但还是不断有新的倡议被一些深谋远虑的科学决策者提出来，支持建立一种机制或机构来促进科学研究。在哈伯的倡议下，1920年10月30日成立了德国科学应急协会（Notgemeinschaft der Deutschen Wissenschaft）。哈伯因而又被称为“应急协会之父”。后来又陆续成立了德国科学应急协会捐赠者联合会以及其他一些基金会，如李比希基金会、费歇尔基金会、拜耳基金会以及亥姆霍兹促进物理技术研究学会等组织。这些协会或基金会成立的目的是为了给处于困顿中的德国科学研究提供些许帮助。这些机构或组织的运作方式是德国科学的又一次制度创新。在魏玛共和国相对多元化的社会中，科学研究也有一个相对宽松、自由、民主的氛围。正是在这种氛围中，产生了“同行评议”体系。作为一种制度创新的产物，“同行评议”制度为德国科学界的筹款起了某种补偿作用。

魏玛时期的德国是“新物理学”的发源地。许多著名的物理学大师，如普朗克、爱因斯坦等都在德国。正是这些大师们的存在吸引了世界各地成千上万的青年学子到德国留学。哥廷根、柏林、慕尼黑成为现代科学，尤其是物理学的世界中心。无论是从科学还是从艺术等方面来看，这时的德国都由一股创新和求变的精神引导着。魏玛时代因而被称为德国历史上的“黄金时代”。遗憾的是，这种好景并没有持续多长时间，希特勒上台之后，德国的整个研究导向和体制都发生了巨大的变化。

四

在第三帝国成立后的最初几年内，纳粹分子从种族上、政治上和意识形态上对包括大学以及大多数政府支持的研究所在内的整个公务员系统进行了所谓的“纯化”。1933年后，15%以上的人（其中犹太裔科学家占有相当大的比例）或流亡国外，或被降职，或被投入狱中。1933年至1938年，1880位德国（包括奥地利在内）一流研究人员踏上了充满艰辛的流亡之路。爱因斯坦的命运也是如此。作为一位享有世界声望的犹太科学家，又持有一种与纳粹主义格格不入的自由主义世界观，爱因斯坦首当其冲地成了纳粹分子公开攻击的对象。

威廉皇帝学会在纳粹的“纯化” 过程中受到了相当大的冲击。尽管学会主席普朗克最大限度地保护了学会的利益，但在政治极权之下，一个科学家的力量显得太过苍白无力了。逐渐地，整个威廉皇帝学会被迫整合到纳粹体系中。正直的领导渐遭淘汰，纳粹党棍及其坚定支持者取而代之。至二战结束时，德国的科学家被放逐，研究机构被解散，科学基础设施被拆除，大学的建筑、仪器以及图书馆遭到了致命的毁坏。只有少数几所大学，如图宾根大学、海德堡大学和埃尔兰根大学幸免于难。当然，与损毁科学基础设施而产生的影响相比，放逐并赶走科学家所产生的影响则更为深远。

二战后初期，一些科学家试图恢复德国的科学活动，但遭到战胜国占领政策的阻挠。战胜国最初的设想是把德国完全变成一个农业国，从而令其没有任何军事威胁。为此，战胜国制定了许多条款来限制德国科学家的活动。只是由于后来出现的"冷战"的需要，才使得许多限制性的措施得以放宽。

作为教育机构的大学，虽然与研究机构一样也受到了限制，但很快就得到了恢复。高校要求独立自主的呼声虽然一开始也受到了占领者当局的阻挠，但后来还是得到了批准，这给德国研究工作的恢复重建提供了机会。随着德意志联邦共和国的成立，作为能保证大学在其他方面享有自主权的最重要组织——德国大学校长联席会议（HRK）成为二战后德国科学界的一个重要组织之一。除大学外，威廉皇帝学会也得以重建，改名为马克斯·普朗克学会。一开始，马普学会只是扮演着一个防止威廉皇帝学会倒闭的委员会的角色。后来，随着美占区、法占区以及西柏林的原威廉皇帝学会的许多研究所的纷纷并入，它得以慢慢壮大。马普学会的研究所在原则上既不受联邦政府控制，也不受工业界控制。由于没有教学聘约的限制，同时又有良好的专业设备，它们具备了开展基础研究工作的良好前景。在多数情形下，这些研究所又赢回了大部分声誉。与此相应，一些跨州的研究机构也被建立起来。现在德国的科学研究主要集中在四大部门：传统的大学研究所、马普学会研究所、亥姆霍兹学会以及莱布尼茨学会。一些与应用相关的研究则集中在弗劳恩霍夫学会。20世纪之初，德国科学成为世界上其他地方争相效仿的榜样。

二战后，德国科学得到了很快的恢复，但总体来说，它已不占据领先地位。德国无疑还是科学上先进的国家，但已不再是一流的。科学在德国的发展历史令人深思，它曾非常成功，也曾麻烦不断，当环境变化时，它不得不改变自己去适应新的形势。一方面，它在20世纪经历了政治和意识形态的激烈变化；另一方面，它在科学政策方面又有重大的制度创新。历史学家们常常就“外部力量”和“内在因素”究竟谁更重要发生争论。德国科学史表明，这些力量和因素是以多种方式交织在一起的，既能产生积极的成果，也能带来灾难性的后果。同时，任何事物的兴衰，也都不是单一力量所能决定的，是多元素多向度共同作用的结果。

第一章

“国家改革”与德国现代化的开端

德国的现代化走了一条与英法美不同的独特道路。在英国工业革命开始近两百年后，法国大革命近半个世纪后，德国才开始步入现代化。在步入现代化道路之前，德国是一个分裂、落后的国家。中世纪末期，德意志出现了300多个独立的小邦国。在这些小邦国内，君主们行使着独立的行政权、司法权、关税权和铸币权。“在新教诸侯与天主教皇室之间发生内部争端后，在内部的宗教战争之后，这个被中央集权化民族国家包围的德意志空间，终于在17世纪成为内外各种势力实现各自野心的竞技场。”（陈耀，2005）[70]当其他欧洲国家日益加强中央集权的时候，德国正经历着中央权力瓦解的过程。

德国的分裂状态严重阻碍了国家发展和社会进步。由于权力的分化，国内缺少统一的法律、市场和经济制度，德意志民族无法作为一个整体来追求现代化。

德国现代化并非社会内部力量逐渐演化的结果，而是国家领导阶层或主动或被动，多次通过自上而下的改革而促进的。这种自上而下式的现代化模式取得了巨大成就，在几十年的时间内完成了工业化和现代化。与此同时，我们也看到了这种模式的局限性，由于变革始终以不威胁最核心的统治结构为前提，统治者在某些领域，如经济、行政管理和军事领域积极进行改革，但在另外一些领域，尤其涉及实质性权力分配和行使的政治体制领域中则明显缺少变革的意愿。因此，19世纪德国的现代化只是部分的、不均衡的或者不协调的现代化。简而言之，政治现代化和经济现代化没有得到同步发展。正是这种不协调成为现代德国的根本问题，它导致了魏玛共和国的早夭和纳粹德国的上台。直到二战后，德国才真正走上一条全面协调发展的现代化之路。（陈晓律， 2010）[229]

第一节 德意志神圣罗马帝国的兴衰与普鲁士的崛起

一、德意志神圣罗马帝国的兴衰

5世纪末，法兰克王国建立。它是一个多民族的国家，其人民主要由民族大迁徙过程中从日耳曼尼亚迁入的民族组成。罗马帝国灭亡后，它是当时中欧的强国，在存在的三个世纪中，它成为中欧最重要的国家。王国的疆域包括今天的法国、德国和周边其他国家的绝大部分地区。843年，法兰克王国的疆域按照《凡尔登条约》（*Treaty of Verdun*）分成三部分：西边的部分即莱茵河左岸的西法兰克王国就成为后来法国的基础；东边的部分即莱茵河右岸讲德语的东法兰克王国成为后来的日耳曼王国的基础，后发展为神圣罗马帝国，也就是今天德国的雏形；中间的部分称中法兰克王国，包括低地国家、洛林、阿尔萨斯、勃艮第、普罗旺斯、意大利王国（意大利半岛北部），成了后来法德争斗的根源。870年，日耳曼人路易（Ludwig der Deutsche，806—876）与秃头查理（Charles le Chauve，823—877，又称查理二世）签署《墨尔森条约》（*Vertrag von Meersen*），瓜分洛泰尔（Lothar）后人所遗留下来的中法兰克王国领土。这个条约使得东法兰克王国领土得以扩张，并吞洛林成为之后神圣罗马帝国的雏形。尽管东法兰克王国保存了加洛林王朝的统治，但是当地的文化、经济及政治相对落后。此外，萨克森、法兰克尼亚、巴伐利亚、士瓦本和图林根五大公国（大致包括今荷兰、西部德国、瑞士和奥地利，其中萨克森最为强大）相继崛起，使得加洛林的王权旁落，大权顿失。

919年，萨克森公爵“捕鸟者”亨利一世（Heinrich I der Vogler，约876—936）当选为东法兰克王国的国王，建立了萨克森王朝，严格意义上的德意志历史就此开始。962年，东法兰克国王、萨克森王朝的奥托一世（Otto I，912—973）在罗马由教宗加冕称帝，成为罗马的监护人和罗马天主教世界的最高统治者，史称“奥托大帝”（Otto der Große）。“德意志民族神圣罗马帝国”（德语：Heiliges Römisches Reich Deutscher Nation；拉丁语：Sacrum Romanorum Imperium Nationis Germanicae）从此活跃在世界舞台上。

德意志民族神圣罗马帝国名义上是一个统一的大帝国，但实际上内部邦国林立，割据严重。1122年，亨利五世（Heinrich V，1081—1125）与教宗卡利克斯特二世（Callixtus II，？—1124，本名Guido of Vienne，于1119年2月2日至1124年12月13日出任教宗）签订了《沃尔姆斯宗教协定》（*Concordat of Worms*），教宗被认为是至高无上的首脑，国王失去了对教会的控制，国王权利在王国内部也遭到严重冲击，导致王权的衰落和割据的加剧。诸侯们伺机利用国王和教宗的矛盾谋求自己的利益，他们损害王室以增强自己的产业和主权，并争取选举国王的权利。1356年，帝国皇帝查理四世（Charles IV，1316—1378）颁布一项帝国立法，即史上最有名的《金玺诏书》（*Bulla Aurea*），从法律上承认选帝帝侯的政治特权地位。诏书承认选帝侯有选举皇帝的权力，承认诸侯在自己的邦内有绝对的君主权力，规定各邦内的市民和自由民都隶属于他们的邦君。在帝国境内有七大选帝侯：美因茨大主教、科隆大主教、特里尔大主教、波希米亚国王、莱茵—普法尔茨伯爵、萨克森—维滕贝格公爵、勃兰登堡藩侯以及上百个小诸侯。诏书确认诸侯在自己领地内的行为，皇帝无权干涉。选帝侯的地位与皇帝相等，是皇帝“身体的一部分”。皇帝赐给城市或任何人的权利，如有损选帝侯的权益，均属无效。从而在法律上确认了诸侯邦国分立的体制，加剧了德意志的分裂。诸侯权利的扩大成为后来德国历史进程中的灾难性事件，它导致国王和诸侯的两权对立，使诸侯的权利无限扩大，而未能形成如同英国一样王室和贵族权利的一种有益平衡。也许只是因为这一微小的区别，德意志民族以后走上了与英国完全不同的发展道路。（陈晓律，2010）[28]

“三十年战争”使得德意志神圣罗马帝国的经济倒退了近200年，仿佛回到了农奴制的封建时代。“三十年战争”爆发时的1618年

6月26日，神圣罗马帝国境内有390个公国、侯国、宗教贵族领地、自由邦、自由城市、骑士领地等，神圣罗马帝国内的诸侯各自为政，他们的领地犹如一个个独立的王国。“三十年战争”后，神圣罗马帝国共有314个邦国和1475个骑士庄园领地。到了18世纪，经历了波兰王位继承战争、奥地利王位继承战争和七年战争等内战后，整个帝国形成300多个独立的大小邦国，神圣罗马帝国皇帝甚至连德意志邦国的盟主都称不上，彻底成了徒有其名的傀儡。而世人对皇帝的印象，更多的是哈布斯堡家族的族长与奥地利帝国的统治者，而非德意志帝国的最高君主。

二、普鲁士的崛起

作为一个国家，普鲁士（Preußen）已不复存在。但在历史上，它是德意志统一以及德意志帝国立国的主要力量。它的存在时间为中世纪至第二次世界大战结束。

从法理上说，普鲁士这块地方并不属于德意志神圣罗马帝国的疆域范围，只是因为后来勃兰登堡选帝侯合并普鲁士公国，普鲁士王国作为整体才成为德意志帝国的一部分。在中世纪早期，普鲁士这块地方是蛮荒之地。12世纪时，德意志人的殖民运动开始进入波罗的海东岸地区。16世纪后，普鲁士人同化于德意志人。“三十年战争”后，普鲁士作为一股政治势力，登上了欧洲的政治舞台。在普鲁士的崛起过程中，腓特烈大帝起着非常重要的作用。

腓特烈大帝（Friedrich der Große）即普鲁士国王腓特烈二世（Friedrich II von Preußen，1712—1786），是欧洲“开明专制”的代表人物。他自称是“普鲁士王国的第一仆人”“国家的第一公仆”。包括康德（Immanuel Kant，1724—1804）、黑格尔（Georg Wilhelm

Friedrich Hegel，1770—1831）在内的不少德国思想家都认为腓特烈大帝“英明”。腓特烈大帝在位的40多年间（1740—1786），普鲁士军力大增，领土大面积扩张，文化艺术发展获得赞助和支持。这些促使普鲁士在欧洲大陆取得大国地位，并在德意志内部取得霸权，向以普鲁士为中心、武力统一德意志的道路迈出了第一步。

68岁时的腓特烈大帝

腓特烈大帝登基不久便不宣而战，夺取了奥地利的西利西亚，此役让普鲁士在欧洲崭露头角。腓特烈大帝还发动了七年战争（1756—1763），普鲁士同时与奥地利、法国和俄罗斯三个邻邦大国（三国组成联盟）作战。当时普鲁士和联盟的军队人数比为1：3，人口比为1：20。七年大战，普鲁士虽几次面临亡国危险，但腓特烈大帝最终保住了西利西亚，普鲁士亦获得了大国地位。

腓特烈大帝从行政、司法、教育、农业、商业、军事等方面实行了一系列重大改革，他所倡导的行政和司法改革运动的产物——《普鲁士民法典》（*Allgemeines Landrecht für die Preußischen Staaten*，简称ALR，1794年颁布）引起了欧洲国家的普遍关注。这部比《法国民法典》（*Code Civil des Français*，又称《拿破仑法典》）早十年问世的法典体现了公民在法律面前平等这一启蒙运动的核心思想。《普鲁士民法典》是普鲁士由诸侯领主国家转变为法制国家迈出的重要一步。腓特烈大帝奉行“人人平等”的思想，他对移民和小宗教信徒采取宽容开放的政策，鼓励宗教自由。在柏林的弗里德里克花园（Forum Fridericianum）里，有一座新教教堂和一座天主教教堂并排而立，这可算得上18世纪独一无二的景致。普鲁士还是欧洲第一个享有有限出版自由的君主国。在腓特烈大帝时期，同性恋者甚至不会受到迫害。

七年战争之后，腓特烈大帝以平和的方式发展经济。他特别重视发展农业，颁布了一系列有利于发展农业的政策措施。他推行重商主义政策，为了增加国库收入，腓特烈大帝竭力推动普鲁士手工产品、农产品出口，扩大对外贸易额度，维持国内外的贸易平衡。腓特烈大帝在军事上实施了重大改革，他率先在国内实施义务兵役制，实施“全民皆兵”，扩大兵源。

腓特烈大帝继承父亲重视教育的思想，即位后便恢复了普鲁士王家科学院（Königlich-Preußische Akademie der Wissenschaften），召回流亡在外的大部分普鲁士学者。腓特烈大帝还聘请大量外国科学家来普鲁士任教，提高普鲁士的科学研究水平。普鲁士于1763年颁布《普通教育条例》，这项教育改革旨在在普鲁士全境普及初等教育体系，是当时欧洲普及国民教育最具前瞻性的举措。这项政策囿于当时的人力物力，并未达到预期的效果，但普鲁士由此将教育提升到国家基本国策的高度，使普鲁士日后成了欧洲教育体系最完善的国家。

18 世纪末19 世纪初的法国大革命，以及拿破仑战争对欧洲大陆特别是普鲁士产生了重大影响。在拿破仑军队的强大攻势下，德意志土地上的那些版图狭小、自成体系的地方分离主义的小诸侯国家受到破坏，并面临瓦解和重组。1806年，拿破仑建立莱茵同盟，囊括了德意志三分之二的领土，德意志民族的神圣罗马帝国也不复存在。在1806年的耶拿大战中，普鲁士战败，被迫签订《提尔西特和约》（*Frieden von Tilsit*），割让了近一半的人口和领土，赔款1.3亿法郎，军队由14万人减至4万人，普鲁士沦为欧洲三流国家。此外，普鲁士所依赖的粮食贸易也遭到拿破仑的封锁，陷入财政危机，加之还得向法国缴纳沉重的占领军费用，普鲁士已经到了民族危亡时刻。这唤醒了德意志人民强烈的民族忧患意识，人民普遍意识到“旧世界已不再适合我们了， 这个流尽鲜血的国家要想继续生存，就必须适应时代的新要求，进行自我更新。”（陈擢， 2005）[71]拿破仑在德国的统治时期也成为德意志的“大改革时期”。（邢来顺， 2004）[71]腓特烈·威廉三世（Friedrich Wilhelm III，1770—1840）任命施泰因帝国男爵（Heinrich Friedrich Karl Reichsfreiherr vom und zum Stein，1757—1831）为首相，并授予其广泛的权力以推行改革。

施泰因改革主要集中在以下三个领域：农业立法、城市自治和王国最高行政改革，其中农业立法是最关键、最基础的部分，也是影响最为深远的部分。它实际上是一场土地革命，把封建地产制转变为资本主义自由地产制，直接影响到普鲁士社会经济结构及社会性质的转变。（丁建弘， 2002）

施泰因先后颁布了一系列法令来推行农业改革。1807 年10月颁布了著名的《十月敕令》（*October Edict*，又称《解放敕令》）， 宣布取消普鲁士农民的人身依附关系，废除等级限制，农民可以自由获得地产、离开土地自由选择职业和结婚等。1808年2月颁布的《二月法令》主要限制容克地主随意吞并农民土地。这一系列的农业改革措施，大大动摇了普鲁士农奴制的根基，严重削弱了封建贵族统治。

施泰因还推行了一系列政策来实现城市自治和国家行政改革。1808年11月颁布的《城市管理条例》规定城市自治，建立市参议会和市政府，从而使城市获得完全的财政管理权。这一条例实现了城市自我管理的新秩序，标志着普鲁士行政现代化和现代市民社会的形成。1808年11月的敕令宣布建立国家行政机构——国务院，下设内政、外交、财政、军事和司法五个部，统一管理国家事务。施泰因的改革举措是拿破仑所不能容忍的，施泰因被宣布为法国和莱茵同盟的敌人，被迫只身逃亡波希米亚（Bohemia）。

哈登堡侯爵（Karl August Fürst von Hardenberg，1750—1822）于1810年被任命为首相，他接过施泰因的接力棒，继续推行改革。他采用的是相对温柔的改革方式，并最终实现了普鲁士向现代社会的转变。在农业改革方面，1811年9月颁布的《关于调整地主与农民关系的敕令》规定农民在把世袭耕地变为自有财产时，要将该地产的三分之一割让给领主，并且规定，农民只有缴纳赎金才能免除徭役和租税。在财政和工业改革方面，哈登堡于1810年10月颁布了《财政敕令》和《工业税敕令》，建立新的税制体系和新的商业贸易制度，为工商业的发展创造了有利的条件。1812年解放犹太人的法令得以颁发，犹太人享有充分权力。1818年颁布的《新关税法》废除了普鲁士国内所有关卡，实行对外关税统一。这项关税改革措施统一了普鲁士国内市场，也是普鲁士经济迅速复苏的关键举措之一。这是1834年普鲁士在德意志地区建立德意志关税同盟（Deutscher Zollverein）的雏形。

另外，教育改革和军事改革也是施泰因—哈登堡改革的重要组成部分。这一时期，以威廉·洪堡（Wilhelm Humboldt，1767—1835）为代表的教育改革家，不仅大力推行小学义务教育，完善中学教育，更重要的是建立起新型的柏林大学，提倡学术自由和研究自由的现代大学规范，并将此模式向全国推广。

洪堡的教育改革对德意志乃至世界的大学和学术体制改革都起到了十分重要的作用。对于洪堡而言，教育（Bildung）——真正的（内在的）自由——涉及三件事：无目的性（Zwecklosigkeit）、内在性（Innerlichkeit）和科学性（Wissenschaftlichkeit）。国防大臣沙恩霍斯特（Gerhard von Scharnhorst，1755—1813）等人通过军事体制和兵役制度改革，使军事指挥体系更加高效合理，兵员数量和质量都得到了有效保证，普鲁士的军事实力大大增强，这为普鲁士的强盛和德意志的统一提供了坚实的保证。

施泰因和哈登堡在普鲁士进行的是“一场自上而下的革命”（卡勒尔， 1999），施泰因—哈登堡改革的历史意义从施泰因撰写的《拿骚备忘录》即普鲁士国家改革的综合性计划即可看出，其基本原则是，一个健康的、高效率的国家必须在人民与政府之间建立起有机的联系，并使国民负责地参与国事。虽然其主旨不是触动君主制，但改革者主要达到了赋予国民同等权利并让他们在国内承担更多责任的目的，具有推动社会向前发展的巨大进步意义。（任国强， 2006）[48]

一系列政治、经济、社会、军事、教育等领域的改革，为普鲁士从专制的、等级制的农业国转变为19世纪市民阶级为主、以宪法为准、以民族统一为标志的工业国创造了条件，从而形成了现代国家的基础。这种宁静革命所带来的社会变革并不亚于法国大革命红色风暴所引起的震荡。

普鲁士这个曾经被欧洲列强耻笑为“沙盒”的国家通过“砍瓜切菜”式的改革，逐渐扮演起“世界角色”。就像德国批判现实主义小说家、诗人冯塔纳（Theodor Fontane，1819—1898）说的那样：“腓特烈·威廉一世将一种不乏残酷的先进组织结构赋予了直到当时还是松散的国家形态中，建立起一支有战斗力的、在初始阶段较之于普鲁士的种种可能性及其政治分量过于庞大的军队，接下来腓特烈大帝将这一工具抓到手，挤进大国，顽强大胆地、不乏冒险家运气地在这个圈子里确定了自己的地位，最终由俾斯麦纵横捭阖，完成了德意志民族的统一。”（任国强， 2006）[49]

第二节　关税同盟与全德铁路系统

经济学家李斯特（Friedrich List，1789—1846）为建立德意志关税同盟（Deutscher Zollverein）和全德铁路系统所做的努力，把德意志现代化的进步和实现民族统一的进程紧紧地结合起来，首先在经济上成功地突破了原来那种分裂局面。在德意志联邦，普鲁士的领土面积最大，但直到1850年，普鲁士的领土还不能连接在一起。汉诺威和黑森把普鲁士西部工业省和东部农业省隔离开来，两边工业品和农业品的交换，不仅受到邦内关税的阻碍，而且受到其他邦关税的影响。但另一方面，普鲁士的领土又横截大多数德国的商路。关税同盟和全德铁路系统成为当时德意志现代化和统一运动的最主要的载体，是德意志现代化和统一之间相互作用、相互促进的最典型的体现。李斯特描述道：“铁路系统和关税同盟是连体双胞胎。它们在同一时刻诞生，彼此肢体相连，只有一个思想和一个感官，它们相互支持，追求同一个伟大的目标，即把德意志各个部分联合成一个伟大、文明、富足、强大和不可侵犯的民族。”（羊海飞 等，2002）

一、关税同盟

19世纪初，德国仍处于分裂和割据状态，境内关卡林立，并存着多种商业法规、度量衡制度和几百种地方性货币，这严重影响了国内市场的形成，阻碍了工商业的发展。拥有1050万人口的最大邦国——普鲁士于1818年首先实行改革，在境内废除关卡，取消消费税和国内关税的征收，宣布商品流转自由。对进口工业品仅课征10%的从价税，同时允许原料免税输入。普鲁士废除内地关税对其他邦国有很大影响。在普鲁士的带动下，北德6个邦国于1826年成立关税同盟，参加同盟的各邦国之间的关税取消了。1827年，南德两个大邦国巴伐利亚和符腾堡组成南德关税同盟，全德关税统一问题被提上了日程。1833年，由普鲁士领导的德意志关税同盟组成，参加的各邦国订立了为期8年的关税协定，协定自1834年1月1日起生效，以后每逢协定到期即再行延长。起初，这一同盟联合了北德18个邦国。1835年巴登公国、拿骚公国和美因河畔法兰克福加入后，领土共计8.2万平方英里（超过当时德国领土的2/3），人口2500万人，只有汉诺威等一部分邦国未加入同盟。关税同盟的主要内容是废除内地关税，同盟各邦国之间的贸易免税；对国外贸易统一关税制度和税率。参加同盟的各邦国之间从1834年起废除全部关税。在对外贸易方面，倾向自由贸易，但对从英国进口的棉织品和呢绒等则课征保护性关税。关税同盟还致力于统一货币、度量衡制度和商业法规。各邦国于1838年和1857年签订了一些专门协定，开始统一货币和度量衡，1868年又签订法令规定自1872年1月1日起在德国采用米突制，在1847年协定基础上统一了票据章程，1857—1861年间又制定了在1869年付诸实施的共同商业章程。1837—1844年间，关税同盟先后与荷兰、希腊、土耳其、英国和比利时签订了商业协定，同盟的国际地位很快得到巩固。1866年北德意志联邦成立后，德意志关税同盟又与未加入该同盟的德意志西南部诸邦签订关税条约，从而促进了德意志各邦政治上的统一。1871年德意志帝国建立，德意志关税同盟解体。

德意志关税同盟是推进德国工业化的重要因素之一。它对内实行自由贸易，对外采取灵活的阶段性的贸易经济政策，为德国的工业化创造了良好条件。关税同盟统一了内部市场，开辟了海外市场，保护了民族工业，鼓励机器、原料进口，加速了资本积累，优化了投资环境等等。在1871年政治统一实现以前，关税同盟为德国工业革命提供了最强大的动力和最根本的保证，促进了德国由落后的农业国向现代工业国家的转变，并为德国迅速崛起为工业强国奠定了基础。其后近30年中，德意志钢铁业产量增长4倍，煤产量也大幅增加。更重要的是，煤铁重工业带动了德国经济的振兴，成长起鲁尔等大小不等的工业中心、生机勃勃的工业城市、一大批富有远见卓识的企业家和若干注重科学技术教育的高等学校，为工业化进程开辟了道路。德国工业家发明或改进了新的炼钢方式、无缝式火车车轮轮毂及后装全钢火炮和步枪。德国成功地将科技应用在武器上。克虏伯等企业成为德国重要的重工业公司。经济融合加上邦国之间的民族意识提高，使得政治上的融合指日可待。德意志开始显示出种种“准国家”的特征。普鲁士财政部长莫茨在给国王的备忘录中写道：“……收取进关、出关和过关税仅仅是各国在政治上的分裂所造成的后果，如果这一点确是政治学真理的话，那么反过来说，这些国家结成关税和商业联盟的同时，它们也必将统一成一个政治体系，这也应当是真理……德意志将统一在普鲁士的霸权之下。”

二、全德铁路系统与德国的工业化

1835年建成的巴伐利亚路德维希铁路（Bayerische Ludwigsbahn）是德意志第一条乘运或货运铁路，连接纽伦堡（Nürnberg）和菲尔特（Fürth）。虽然这条铁路全长只有6千米，并且只在日间运营，但却广受欢迎。在此后的3年内，德国又修建了141千米铁路，而到1840年则达到了462千米，至1860年达到了11633千米。随着铁路网的扩张，运输货物的成本更低：在1840年每吨每千米为18芬尼，而在1870年则为5芬尼。铁路通过创造商品需求和推动贸易促进了经济活动。1850年，内河运输装载量是铁路的3倍，而到1870年这一情况则发生了逆转，铁路装载量是内河的4倍。铁路还改变了城市的面貌和人们旅行的方式。在1865年之前，绝大多数人口、制造业中心和生产中心都已经连入了铁路网。

铁路建设对钢铁、机车等的需求大大地刺激了德国钢铁、煤炭以及机器制造工业的发展。在19世纪以前，德国的煤炭资源很少得到利用，其冶铁业一直采用木炭熔矿和手工操作的古老方式经营着。随着工业革命的展开，焦煤取代木炭成为冶铁业的燃料。到1847年，在普鲁士的227个熔铁炉中已有32个使用煤炭进行冶铁。因此，1815年以后，作为莱茵工业区核心的鲁尔煤田开始得到有效开采。到19世纪40年代，德国的一些矿井已开始运用机械采煤。对煤炭的需求使煤产量急剧增加，1820年，德国的煤产量仅120万吨，1830年为140万吨，而1840年则猛增至260万吨，1850年更增至670万吨。

与此同时，德国的冶金工业也得到了较大发展。1824年，德国的冶金工业开始采用搅炼法炼铁新技术。1833年以后，萨尔区、萨克森、拿骚和西里西亚的冶金厂都改用了搅炼法。新技术的应用使德国的铁产量得到提高。1823年，德国的生铁产量仅4万吨，1830年为12万吨，1840年增至17万吨，1850年达到21万吨。

机器制造工业也有了一定的发展。1837年，柏林工艺研究所的一位名叫博尔西希（Johann Friedrich August Borsig，1804—1854）的学生开办了一家有50名工人的机器制造厂。10年后，他手下的工人达到1200人。此外，在莱茵地区也出现了一些大规模的企业。到19世纪40年代，德国已经有了几家制造纺纱机、蒸汽机和轧制铁轨的工厂。

当然，无论从深度上还是从广度上来看，19世纪上半期的德国工业革命尚处于起步阶段。作为工业革命开展程度标志的机器制造工业在德国仍然很薄弱。19世纪40年代初，德国的245辆蒸汽机车中，只有38辆产自国内。工业中占主要地位的是工场手工业和分散的小手工业。直到1846—1847年，在德意志关税同盟内的劳动人口中，工厂工人还不到劳动人口的3%。从使用蒸汽动力、炼铁和纺织等的工业产量以及对外贸易周转额来看，德国都远远低于英国和法国。

19世纪五六十年代，德国工业革命进入了大规模的工业化阶段，主要得益于两大原因。第一，1857年3月，普鲁士政府为加速农民的赎免进程，颁布《宣告丧失权利法令》，将1858年12月31日作为解放农民的停止实施期限。但到这时，绝大部分农民实际上已经取得了自由。于是，许多解放了的农民从德国东部的农业区来到西部的柏林地区、工业城市和新兴的鲁尔工业区，以满足铁路建设、重工业的扩建以及稍晚发展起来的机械工业对劳动力的需求。第二，德意志关税同盟得到进一步扩大，经济一体化程度加强，从而大大降低了因国家分裂给经济发展带来的不利影响。

从这一时期德国工业革命的进展情况看，纺织工业作为德国最先开始工业革命的部门，有了新的发展，现代的工厂制度已经占据了统治地位。以棉纺织工业为例，在1843—1861年间，仅莱茵—威斯特伐利亚地区的纺锭数目就从11.1万个增加到了29.9万个。而全德地区的棉花消费量也在1850—1870年的20年间从1.8万吨增至8.1万吨，增加了3倍以上。在棉织业中，1843—1861年间，德国的织布机由5000多台增加到了15000多台，而手摇织机却从近8000台减到了约2800台。丝织业、麻纺织业和毛纺织业也有很大发展。以丝织业为例，到1861年时，215个大工厂已经基本上集中了所有的缫丝生产。实际上，与同期的英国同行相比，德国纺织业的机械化率仍很低。

由于英国的技术霸权地位，德国的机器业完全是空白，大部分技术产品要从英国进口，许多工厂是英国投资者兴建，而且受英国压制严重。感到压力的德国开始尝试其他的选择。

从1848年欧洲大革命到1870年，德国因为统一的军事需求而修筑了大量铁路。由于经济水平不高，铁路利用率相对英国而言并不高，但国库对铁路大量补贴，甚至直接出资修筑。在19世纪50年代，德国境内较大城市之间的铁路线还彼此不相连接，但到19世纪60年代，德国境内各主要铁路线已经开始相连，而且形成了较为密集的铁路网。铁路建设对钢铁的需要，带动了煤炭、钢铁等重工业的快速增长。在1850—1870年间，德国的煤炭年产量从670万吨猛增至3400万吨，生铁产量由21万吨增加到了139万吨，大大超过了每10年翻一番的速度。

在这一时期，德国人已经建立起自己的机器制造工业。1861年，德国的机器制造厂家已增加到了300家，出现了一些规模巨大的企业。例如，1837年由博尔西希建立的机器制造厂，到1866年时已有工人1600人。而以生产铸钢起家的克虏伯企业，在1846年时仅雇用了122人，1850年则增加到237人，1870年竟突增到了7000人。到19世纪60年代初，德国的机器制造业工人已达98000人。

三、德国统一与俾斯麦时代的内外政策

当英国和法国都在进行工业革命，国家实力突飞猛进的时候，德国仍然是诸侯割据的一盘散沙，还在为国家统一而苦恼。1866年7月1日出版的《纽约时报》写道：“在政治地理学上并没有德意志地区这么一说。有王国、大公国、公国和侯国，德意志人在其中居住，每个国家各由一个独立君主统治，国家机制齐全。然而却有一种潜在

的民族意识，希望能够完成德意志民族的统一，由一个共同的领袖统治。” 对任何一个民族来说，在民族统一框架内进行现代化，总是比在民族分裂状态下进行现代化更有利。（陈晓律，2010）[25]

统一和现代化并不是同质的，两者之间不存在必然的因果关系。然而在德国近代这一特定的历史条件下，统一与现代化有着极为密切的特殊联系。德国的现代化需要民族的统一，而现代化的进一步发展又有力地推动了民族的统一。统一一方面成为现代化的动因，另一方面又为现代化开辟了广阔的国内市场、提供了强大的支持与保护。

1. 德国的统一战争

俾斯麦（Otto von Bismarck，1815—1898）在任普鲁士王国首相（1862—1890）期间，通过三场王朝战争统一了德意志，并成为德意志帝国第一任宰相。

在成为普鲁士首相之后，俾斯麦于1862年9月30日在普鲁士下议院预算委员会发表了著名的“铁血演说”（Rede von “Blut und Eisen”），阐述了现实政治的内涵：“当代的重大问题不是通过演说与多数决议所能解决的——这正是1848年和1849年所犯的错误——而是要用铁与血来解决。”简而言之，就是通过战争排除内外势力的干涉，实现国家统一。俾斯麦是这么说的，也是这么做的。

俾斯麦先在国内造势，不断煽动民族主义情绪，借助有利的国际环境，于1864年联合奥地利发动对丹麦的战争，在“为德意志民族利益”的口号下兼并了德国北部属于丹麦的两个州。于1866年又挑起对奥地利的战争，奥地利战败，退出德意志联邦。美因河以北的德国北部和中部建立起北德意志联邦，俾斯麦任宰相。为了使德意志诸国能够联合到一起，俾斯麦需要一个外部敌人首先对德意志的一个国家宣战，提供一个战争借口将全体德意志人团结起来。这一机会在1870年普法战争爆发时出现了。拿破仑三世一直以南德意志联邦的保护人自居，坚决反对德国统一。在战争中，南德诸国与北德并肩作战，全国掀起爱国热潮。在阿尔萨斯会战中，他们击败了大敌，拿破仑三世投降。随后德军进军至巴黎。最后，普鲁士国王威廉一世在法国凡尔赛宫的镜厅中登基，宣布德意志帝国成立，并从法国获得阿尔萨斯—洛林及50亿法郎的战争赔款。阿尔萨斯和洛林是著名的工矿区，拥有丰富的铁矿、煤田和碳酸钾。洛林储量丰富的铁矿和鲁尔储量丰富的煤田结合起来，阿尔萨斯的钾盐矿与德国中部的钾盐矿联合起来，这极大地增强了德国经济实力。

1871年1月18日，德意志帝国成立，德意志皇帝威廉一世在法国凡尔赛宫的镜厅加冕。着白军服者为俾斯麦。

2. 俾斯麦的内外政策

从19世纪70年代开始，德国的快速工业化使工人数量大幅增长，急剧都市化的趋势出现了，大批农民离开了农场和田地来到城市。从1871年到1880年，德国城市人口的比例由36.1%上升到41.4%，到1875年，德国境内工人人数在200人到1000人的企业达118家。（吴友法等，2000）[162]随着社会贫富差距日益拉大，工人罢工现象时有发生。19世纪70年代，鲁尔区、柏林、莱比锡、纽伦堡的工人为了争取8小时工作日都进行过大罢工。1871年11月，开姆尼茨机器制造工业的8000名工人举行了声势浩大的罢工。1872年夏天，鲁尔矿区的16000名矿工为争取8小时工作日以及提高工资25%而进行了罢工。由于法国在普法战争中战败，世界范围内的工人运动中心由法国转移到了德国。1875年，全德意志联合会和社会民主工人党统一，成立了社会主义工人党（1890年改称为德国社会民主党，SPD），在其政治纲领中提出了人人享有平等的选举权、公民参与法律的制定、结社自由等政治主张，得到了占人口多数的工人的支持。1877年，社会主义工人党在帝国议会选举中获得31.2万张选票，占总选票数的10%；在政治中心柏林获得选民票数的40%，成为一股不容忽视的政治力量。在社会主义工人党的组织下，德国工人运动一直维持着高涨的情绪。俾斯麦认为：“社会问题只有国家才能解决。”（平森，1987）为此，他以由雇主和雇员共同承担社会保险费，同时国家给予财政补助为出发点，在德皇威廉一世的支持下，建立起一整套社会保险制度。从1883年到1889年，德国政府相继颁布了3项关于社会保障的法律，并设立了国家保险局作为裁决监督机构。

1883年，德国政府颁布《劳工疾病保险法》，开始实行强制性疾病保险，保险的对象是从事工业生产的工人和年收入低于2000马克的职员。（孙炳辉 等，1995）保险的费用由雇主和雇员共同承担，一般雇主承担30%，雇员承担70%。工人缴纳的保险费一般占每天工资的1.5%。帝国政府还设立了工业企业的公共疾病保险基金会和地方疾病保险协会，负责向被保险者提供免费的诊治和药物、医疗护理、死亡丧葬费、病中养病费、病假津贴以及平均日薪50%的疾病保险金。（吴友法 等，2000）[173]1884年，德国政府颁布了《劳工意外灾难保险法》，规定执行强制性工伤事故保险，保险的对象是特别危险企业内所有工人和部分职员，即在企业出事故的人员或者其家属，可以从事故保险中领取保险金或抚恤金。后来保险的对象扩大到所有年薪在5000马克以下的工人。1889年，德国政府又颁布了《劳工伤残及老年保险法》，规定凡年龄在16岁以上的工资劳动者都必须加入，以防工作中的伤残和衰老。加入这一保险的劳工凡年满70岁以上的，国家给予老年赡养费；因伤残而丧失劳动能力达2/3以上的劳工，国家提供伤残赡养费。1887年，德国社会保险费总额为1亿马克，到1900年已增长到5亿马克。社会保险的范围由面向工业领域扩展到其他社会领域以后，改善了低收入劳动者的生存状况，提高了人们的生活水平。加入保险的人数不断增加：1907年，加入意外事故保险的人数已达2117万；加入老年和伤残保险的人数为1500万；加入疾病保险的人数为1214万，约占德国人口的19%。到1914年，几乎所有的工人和大部分的职员都参加了社会保险。这一时期德国的失业率一直保持在较低水平，约在1%—4.5%之间，失业人数从未超过80万人，德国成为经济繁荣、社会安宁的典范，社会各阶层似乎都表现出普遍的满足感。（吴友法 等，2000）[176]德国社会保险制度取得了显著成效，这也引起众多国家效仿，奥地利、英国、丹麦、挪威、荷兰、意大利、法国、瑞典、美国等国家参考德国建立了自己的社会保险制度。可以说，德国社会保险制度的创立，掀起了近代全球社会保险制度创建的高潮。

德国的统一是由俾斯麦主导的。毫不夸张地说，如果没有俾斯麦，就没有德意志第二帝国。在统一的德意志帝国中，普鲁士仍占据着主导地位。从人口、幅员上看，普鲁士都占德意志帝国的2/3。更要命的是，普鲁士的君主制度、军国主义传统以及容克阶级的社会经济实力都原封不动地嫁接给了德意志帝国，这些封建残余使德国成为欧洲最富有侵略性的国家，这与俾斯麦“自上而下”的统一路线是有联系的。同样，俾斯麦在统一过程中抛弃了自由主义、扼杀了民主主义，他带领德意志走向经济现代化、军事现代化，却将政治现代化抛之脑后。这也是俾斯麦统一德国的局限性。

第二章

教育、科学的发展与物理学革命

19世纪末20世纪初，物理学领域内爆发了一场大革命，这场革命的代表作是相对论和量子力学。而发动这场革命的代表人物——爱因斯坦和普朗克等都是德国人。这就让人百思不得其解了。为什么现代物理学革命发端于德国？前人从许多方面对这一问题进行了研究。比如，19世纪德国科学发展的社会背景和科学精神；政府的作用；德国科学界的优良传统和科学优势；德国大学本身的特点等。（李醒民，1988）本章要讨论的是教育在其中所起的作用。

第一节　教育体系现代化与现代学术的起源

在德国的现代化进程中，教育发挥了重要作用。全民教育为德国培养了高素质的国民，高等教育给德国带来了创造和发明，智力成为这个国家最重要的资源。教育领域的卓越成就不仅塑造了德国现代社会的中坚力量——有教养的中产阶层（Bildungsbürgertum）思想文化的多元，而且助推德国的科学事业走向辉煌，进而推动德国实现了工业化。德国向世人诠释了教育和科学技术对一个现代化国家的极端重要性，为后发国家跨越式发展做出了表率。

一、科学繁荣与快速工业化的基础——教育的普及

16至17世纪的宗教改革对德国文化塑成产生了深远影响，教育改革与宗教改革密切相关。马丁·路德（Martin Luther，1483—1546）主张施行义务教育，使普通民众能够阅读圣经，这成为德国乃至西方社会进行强制义务教育的思想基础。天主教耶稣会通过控制天主教地区的学校教育在德国教育发展中发挥着巨大影响。一直以来，德国教育由教会控制，儿童入学仅被看作对教会尽义务。教育的主要内容是宗教教义，而目标则是提高个人的修养。中小学校仅仅教授一些读和写的知识，算术及自然科学方面的知识很少。大约在第二次人文主义时期，已兴起涉及自然科学的智力运动（里德—西蒙斯，2008），但总体上备受宗教世袭教义的束缚。（戴继强 等，2004）[13]

为了把学校从宗教派别的束缚中解脱出来，使教育为国家建设

服务，同时也是为了加强对教育的统一管理，德国各邦政府在“教育的最高权力机构是国家而不是教会”（博伊德 等，1986）思想的指导下，与教会展开了争夺教育领导权的斗争。周家以法令形式明确国家对学校教育的最高权力，开始把初等学校的管理权从教会转入国家手中。

官方推行义务教育，首见于路德宗教改革的始发地——威腾堡（Wittenberg）。1559年，该地区颁布《学校规程》，要求教堂的牧师和学校的校长将所有年满6—12岁的儿童登记注册，以便劝告拒送子女入学的家长履行其职责，必要时可责成地方政府勒令家长履行；适龄学生须全年上学，无论冬夏均不得中断，除农业收获季节放假4周和教区节日与宗教节日放假数天外，不得缺席1天，甚至不得缺席1小时，否则予以罚款。此举开创了世界教育史上义务教育的先河。（戴继强 等，2004）[112]

1642年，哥达地区颁布了更为严格的义务教育入学规定：所有儿童自年满5周岁起，即须入校读书，直至学完指定的全部知识，并经当局审查合格，方得离校。儿童每缺课1节，罚家长1便士，依次递增，至每节课罚金6便士为最高额。（鲍尔生，1986）[92-93]

而这其中尤其以普鲁士的有关改革措施影响最大。1716年和1717年，腓特烈·威廉一世连续颁布义务教育法令，成为普鲁士“第一个实行强迫教育的人”。（鲍尔生，1986）[94] 而腓特烈大帝不仅要求所有贵族子弟必须接受教育，还于1763年颁布了名为《乡村教育一般规则》（*General Landschulreglement*）的诏书，宣布5—14 岁的儿童都要接受义务教育，否则要处以罚金。腓特烈大帝还鼓励平民子弟通过教育改变社会地位。出身贫寒的青年，通过刻苦学习和研究就能实现自己的愿望，这极大地解放了由僵硬的等级制度所造成的对个人才智

的抑制。（Nipperdey，1983）[57]

1794年，普鲁士国王腓特烈·威廉二世（Friedrich Wilhelm II，1744—1797）颁布《普遍国家法令》，宣布“凡公立学校与教育机关，俱应受国家的监督，任何时候均应接受国家的监督试验与视察”。法令还规定，对教师的委任权纯属国家，不能强迫儿童接受与其信仰不同的宗教教育。这实际上排除了教会对教育的垄断，明确了国家对学校教育的控制权。（邢来顺，2004）[70]进入19世纪，德国加快了初等教育的改革进程。巴伐利亚于1802年、萨克森于1805年先后颁布了初等义务教育法，这是德意志地区最早的义务教育法。尽管教会在政府的委托下以国家名义仍对学校行使一定限度的管理权，但学校已不再是教会的组织，而是政府的机构，政府掌握着管理学校的全部权力。

国家加强对教育控制权的另一表现是建立了一套从中央到地方的较为完整的教育行政管理机构。1787年，普鲁士开始设立最高学校管理委员会，作为中央教育机关，负责管理中等和高等教育事业，其他各邦也仿效建立起类似机构。从此，中等和高等学校也开始处于国家的管理之下。1794年的《普遍国家法令》则明确了国家对于各级学校的行政领导权：“凡普通学校与大学，都是国家机构。”设立学校必须得到国家许可。因此，1794年的法令被视为普鲁士世俗教育的“大宪章”，是德国教育世俗国家化的重要标志。尽管以普鲁士为代表的德国各邦政府在18 世纪末以法令形式明确政府对教育的控制权，而且也建立了相应的行政机构，但是，最终确立国家对学校教育的控制权则是在19 世纪初德意志进行的“大改革’以后。

1806年，拿破仑军队的强势入侵对普鲁士来说是一个代价沉重的历史转折点。一方面，普鲁士军民伤亡惨重，并且要承担巨额赔款；另一方面，普鲁士人不得不进行救亡图存式的改革。为了增强国家实力，摆脱民族危机，改革落后体制成为振兴德意志民族的必然选择。拿破仑在德国的统治时期遂成了德意志的“大改革”时期。（Nipperdey，1983）在政府自上而下推行的一系列改革中，唯教育事业改革受到社会各界最广泛的支持。普鲁士国王腓特烈·威廉三世（Friedrich Wilhelm Ⅲ，1770—1840）声称：“国家在物质方面的损失要用精神的力量去补偿。”他在内阁的一次讨论中说：“正是由于贫穷，所以要办教育，我还从未听说一个国家是因为办教育而办穷了，办亡国的。教育不仅不会使国家贫穷，恰恰相反，教育是摆脱贫穷的最好手段。”国防大臣沙恩霍斯特将军说：“普鲁士要想在世界上取得军事和政治的领先地位，就必须首先在教育和科学上确立世界领先地位。”（本书编委会，1996）

1808年12月，威廉·冯·洪堡被任命为新成立的普鲁士内政部文化与公共教育司司长，因当时普鲁士未设教育部，所以洪堡实际上掌管了普鲁士教育事业。虽然担任文化与公共教育司司长仅一年多时间，但洪堡建立起来的全新教育制度却奠定了普鲁士未来很长一个时期的教育发展基础。

在新的教育制度中，很重要的一项便是加强国家对教育事业的有效控制和管理。这种有效控制和管理主要表现在以下几方面：

其一，削弱教会对学校的影响。虽然普鲁士1787年就已经设立最高学校委员会管理全国教育事业，但由于该委员会中多数成员为神职人员，教育事业还是经常受到教会直接或间接的干涉。为克服这一弊端，普鲁士政府于1810年取消最高学校委员会，将教育事业划归内政部教育司管理。1817年，教育司并入宗教和公共卫生部，专门管理教育和宗教事务，地方也设立教育局。至此，普鲁士形成了一个从中央到地方的、健全的教育管理系统。政府还将一些教会学校转为公立学校，以此削弱教会的影响。

其二，建立国家考试制度，通过对升入大学学习、毕业资格和职员能力等进行认定的考试，确立国家在教育领域的权威地位。1810年，洪堡引入国家哲学考试制度，加强国家对中学师资、学生升入大学学习等方面的控制权。

其三，严格教师录用，大力发展师范教育。在中等教育方面，以前文科中学教师向来由牧师充任，他们只需通过教会总监的考试即可接受委任。但是，根据1810年颁布的《遴选教师法》，教师选拔改由来自柏林大学等学校的代表组成的“教育代表团”负责，考试不合格者不得录用为中等学校教师。此举打破了中等学校对教会神职人员的依赖。1831年，政府出台了更为严格的教师考录制度：教师必须进大学学习3年；必须接受德语、自然科学、数学、历史、哲学、教育学、神学和古典语文科目考试；必须在所教授的学科有所专长。在初等教育方面，普鲁士政府则通过发展师范教育实现对师资培养的控制权。普鲁士政府还派遣留学生赴瑞士，向著名教育家裴斯泰洛齐（Johan Heinrich Pestalozzi，1746—1827）学习教学法和师范教育。据统计，到1831年时，普鲁士各省均已建立师范学校，1840年时师范学校数量达到了38所。19世纪中期以后，德国已经出现了多种教师培训机构，其中主要有研讨班、附属研讨班、乡村教师研讨班等。

经过一系列改革，德国最终实现了公共教育与教会的分离，处于国家统一管理之下的教育事业，成为提高国民素质、推动国家发展的动力源泉。

德国早期有机会接受教育的是教会神职人员和贵族等少数特权阶层。16世纪以后，德国已经出现了“有教养阶级和无教养阶级的大分裂”，形成了教会僧侣、世俗贵族、部分中等阶级等受教育者和“无知的”普通大众等两大群体。（鲍尔生，1986）[59-60]当时，不管是新教教派创立的中学、大学，还是天主教耶稣会控制的教育机构，都成了维护和宣传各自宗教观点、培养神职人员的场所。长期以来，德国唯一正规的中等学校是以教授拉丁语和希腊语等古典语言为主的人文中学（又称“文法中学”“文理中学”），这类学校学费昂贵，因而只有贵族和少数富家子弟才能就读。（李工真，2005）[52]

1812年，政府规定只有人文中学的毕业生才有资格进入大学就读，人文中学成为大学预科性质的机构。因此，从某种意义上讲，接受中等教育并进入大学成为上层社会的排他性特权。随着经济的发展，教育大众化的趋势日益明晰。出现教育大众化的主要原因在于：首先，在19 世纪初的改革中，普鲁士政府采取了“教育服务于国民”的政策，大大推动了教育事业的发展；其次，19世纪上半期，由于经济的发展和第一次工业革命的启动，德国社会出现了对知识和人才的实际需求。

德国义务教育的主要形式是八年制的国民学校（Volksschule）。国民学校不仅重视阅读、书写和算数能力，还培养学生的道德感、责任感、纪律性及服从精神。普鲁士普及初级义务教育的成效非常显著。1846年，普鲁士初级义务教育学校已有2.4万所，学生243.4万人，适龄儿童入学率达82%。到1871年，普鲁士的文盲仅占总人口的12%，其中大多数为居住在乡村中的老年妇女。而法国的文盲率为24%，英国则高达30%。（李工真，2005）[52]

来自国外的观察家们对德国在校儿童的清洁和礼貌留下了深刻印象，不论来自哪个年级的学生都是如此。（波斯坦 等，2002）[541]德国工人不仅能够读写，还掌握了大量数学、地理等基础知识，对自己国家的历史也很了解。德国士兵的素质也让人刮目相看。1899年，德国派舰队访问西班牙维戈港（Vigo），在双方交谈之际，德国驻当地领事馆为水手们送来了信件。令西班牙同行们惊诧的是，德国水手们竟然都能够阅读信件。（Fife，1916）[323]德国良好的初级义务教育体系不仅为进行更为高级的工作奠定了基础，而且优化了人力资源配置，将有才干的人选拔出来满足社会的需求。（Fife，1916）[49]

随着经济的发展，德国中产阶级队伍不断壮大，要求接受中等教育的呼声越来越高。德国统一后，教育政策更加系统化和制度化，政府力主打破旧式教育模式，大力发展平民化的实科中学（Realschule）、文实中学（Realgymnasium）和高级实科学校（Oberrealschule）等新型中学。据统计，1853年时，普鲁士拥有136所人文中学，实科中学仅有12所；到1895年时，人文中学为297所，实科中学已达267所。（鲍尔生，1986）[164－165]

与人文中学不同，新型中学的学生一直没有获得升入大学的资格，这无疑是其发展的巨大障碍。1900年，德国政府终于承认上述四类中学具有同等权利和地位，它们的学生都拥有进入大学的机会。（Flora，1983）此后，人文中学的学生人数比重明显下降，而新型中学则因其实用性和低廉的学费吸引了大批学生。据统计，1900年人文中学学生比重占60%，到1918年时已经下降到39%。（邢来顺 等，2002）

中等教育从少数特权等级扩大到普通民众，不同社会阶层的儿童同桌学习的情况在德国学校变得习以为常（波斯坦 等，2002）[542]，这种教室里的“民主”彻底颠覆了旧式教育模式。以往只有一小部分特权子弟才能够享受全面的甚至较高级的教育向全社会敞开大门。学校找到了自己最适合的社会角色：根据学生的能力和兴趣为其分级和升级。一个更加理性的社会人才培养模式逐渐形成，教育成为开发民智的必由之路，知识成为决定一个人在社会中的职位与地位的关键因素。

二、现代大学的建立

德国大学的建立与意大利、英国、法国等国相比要晚一些，但发展却更加迅速。德国境内各邦从自身利益出发，竞相效仿巴黎、伦敦和意大利境内的大学体制，纷纷创办各自的大学。到18世纪，德国大学在组织结构上已趋于完备，它既不受宫廷及个人干预，也不依靠宗教保护，而且还有比较可靠的资金来源和比较自由的学术气氛。德国大学作为学术中心，以古典学术和哲学研究而闻名于世。更为重要的是，在教派繁多、宗教纷争不断、政治上又四分五裂的德国，大学还是维系德意志民族精神上、思想上和感情上统一的重要力量之一。德国大学通过学派竞争、学术交流，更重要的是通过教授、学者和学生在大学间的自由流动，打破了各诸侯国此疆彼界的畛域限制，将整个德意志民族从思想感情、文化传统上连成一体；也在整个德语地区构建了巨大的学术市场，使“资源的有效利用与科学共同体的自由结合起来”成为可能。（戴维，1988）[235]

被誉为“德国历史上最有影响的文化大臣”的洪堡对德国高等教育体制的改革影响最为深远。（贝拉格，1994）在洪堡看来，办大学是一种最高手段，只有通过它，普鲁士才能在德意志和全世界赢得尊重，从而真正取得启蒙和精神教育上的世界领先地位。洪堡和普鲁士的一些有识之士一起，于1809—1810年的短短15个月内创建了世界上第一所现代化大学——柏林大学。积极倡导“国民教育”的哲学家费希特（Johann Gottlieb Fichte，1762—1814）当选为首任校长。

威廉·冯·洪堡

柏林大学在组织结构上与传统大学相同，它的创新之处在于教育理念。洪堡从启蒙运动和古典主义的理想出发，形成了强调自然科学的学习、充分发展人的个性的教育概念，他在《论柏林高等学术机构的内在和外在组织》的开篇表述了理想中的大学理念：

“关于高等学术机构的概念乃是一个极点概念，所有直接为民族道德文化而发生的事情都汇聚于此极点上。这个概念的依据就在于：高等学术机构负有使命，去开展最深刻又最具广泛意义的科学（Wissenschaft，或译‘学术’）之工作，并且把科学当作一种并非有意地、但自发合乎目的地得到准备的材料而献给精神和道德教化，使科学为后者所用。因此，高等学术机构的本质在于：在内部，把客观科学与主观教养（Bildung，或译‘教化’）联系起来；在外部，把已完成的学校教学与刚开始的受自己引导的大学学习联系起来，或者毋宁说，导致从客观科学向主观教养的过渡，从已完成的学校教学向自我引导的大学学习的过渡。不过，总的观点依然是科学。因为正如科学是纯粹地存在的，它在整体上也得正确地抓住自身，尽管难免会出现个别的偏离。”（孙周兴，2007）

在洪堡看来，大学的使命在于开展学术研究；大学的内在本质（终极目的）是人类“教养”或“教化”。大学在外部组织制度上应该体现整体性和统一性，把学校教学与大学学习（研究）联系起来。洪堡认为，从哲学角度看，只有三个阶段的教学：小学教学、中学教学和大学教学。教学必须贯穿人文理想，必须贯穿学术（科学）的统一性和整体性。洪堡的“学校”概念是特定的，他只把人文中学视为“学校”，当时那些进行技能训练的职业学校，在洪堡看来算不上“学校”。另一方面，大学也不再是“学校”，因为在大学里不应再有教师与学生，而只有“受指导的研究者”（学生）和“独立的研究者”（教授）。大学教师和学生都是研究者，这样，教师的创造性研究成果才能用于教学，才能用来指导学生的研究。研究与教学的统一，亦即研究者与教师的统一，被视为德国大学的支柱。

学术自由、研究与教学的统一，必然要求大学具有自主独立的性质，这就涉及大学与国家的关系。他认为：“国家决不应企望大学同政府眼前的利益直接联系起来；但应该相信，大学如果能够完成自己的真正使命，则不仅能够服务于政府眼前的任务，还将不断提高大学的学术水平，开创更广阔的事业基础，也将更好地发挥人力和物力的作用，其成效是远非政府近前部署所能意料的。”（鲍尔生，1986）[125]

在对大学的使命和本质做出规定之后，洪堡进而提出了大学的基本组织原则：“只有当尽可能所有的高等学术机构都面对着学术的纯粹理念，它们才可能达到自己的目标。正因为这样，寂寞与自由便成为高等学术机构范围内起支配作用的原则。”

洪堡的“寂寞”原则，主要有三层意思：其一，大学为纯粹学术机构，独立于国家所有组织形式，不应受到国家的任何干预。其二，大学致力于纯粹学术和修养，故大学应独立于社会经济生活。其三，大学师生应沉潜学问，持守寂寞。“寂寞”并非全然的消极心理状态，而是指向学术的纯粹、自由以及学者的自持、坚守和专注，是学者研究和沉思生活的必需品质。“自由”是大学之所以为大学的基本精神和基本组织原则，是大学的本质要义所在。没有“自由”这一条原则，大学无以成立。从外部关系来说，“自由”原则指向国家对大学自由的可能侵害。为了保证大学的自由，洪堡甚至不惜赋予国家一种权力，即由国家聘任大学教授。这听起来违反了他主张的大学独立和自由要求，但实质上却是为了保护大学的自由，因为洪堡认为，大学内部难免会出现文人相轻、门户之见，需要动用外部力量来加以调控，以保证学术公正和自由。正因为此，早在柏林大学成立的1810年，洪堡就辞掉了内政部的公职，不再管理与大学有关的任何事务。这倒不是因为他与大学教授之间有多少个人矛盾，而是因为他对“学者”这个群体较为失望。他说：“教师是最疯狂、最难以满意的一类人，他们的利益之间相互冲突，他们的爱恨受嫉妒羡慕左右，他们的看法片面，每个人都认为只有他的专业应该得到支持。”

现代大学不仅是实施高等教育的机构，也是开展学术研究、孕育突破性思想、产生创造性成果的重要场所。洪堡“教学与研究相结合”思想的具体实践形式是研讨班。所谓“研讨班”是在大学的院系里设立的研究组织。研讨班拥有独立的工作场所，图书馆或者实验室，并且能够获得相应的经费支持。研讨班由一个教授和至少一个编外教授领导，围绕特定课题和研究方向进行研究。研讨班具有双重意义：首先，在研讨班上，研究不再只是私人的事情，而是成为教师与学生共同的事情。让不同年级和专业的学生参与进来，教师能够得到多方面的帮助。其次，研讨班上进行的研究活动越来越接近职业训练，而非通识教育。通过参与研究活动，学生能够学习研究方法，培养解决问题的能力。这对于学生来说，无论今后从事研究还是从事实际工作都有益。（Vereeck，2001）尽管在人文学科领域，教师们普遍拒绝这种做法，认为有损大学的纯研究性质。但在物理学、化学、生理学等自然科学领域，则倾向于采取功利主义的态度，强调研究对工业和其他领域的实际作用。在柏林大学的示范带动作用下，德国越来越多的大学采用这种新型教学模式，教学与研究相结合的传统也逐渐形成，而这也正是德国现代研究体系形成的重要标志之一。有学者认为，教学与研究相结合的模式是促使德国这个后进国家迅速走上先进的重要原因之一。（方在庆，2004）[59]

作为研究型大学翘楚的柏林大学，从成立之初便把学术研究作为主要目标，将授课效能作为次要的问题来考虑。（鲍尔生，1986）[125]按照著名数学家外尔（Hermann Weyl，1885—1955）的说法，德国大学做了四件紧密联系的事情：它提供了普适的科学教育，以最慎重、最庄严的形式将文化与智力遗产传给年轻一代；它为牧师、法官和律师、医生、中学教师和行政机构中较高级别的部门提供专业训练；它指导研究工作；它培养能够从事独立研究的人。后两项功能被认为是最重要的，德国大学的教授首先把自己看成是一名科学研究者。（Vereeck，2001）[89]德国现代大学颠覆了人们对传统大学作为知识储备与传播机构的印象，开启了大学作为社会中心研究机构的时代。这也是德国现代大学与英国、法国大学的重要区别之一。在英国和法国，那些一流的头脑在大学之外，在德国则是在大学之内。因此在德国，大学对国家施加了更为广泛和更加重要的影响。到19世纪中期，实际上所有德国科学家不是大学教师就是大学里的研究学者。（鲍尔生，1986）[211]

柏林大学先是为普鲁士的大学，进而为几乎德国所有大学树立了榜样。德国大学逐渐在欧洲确立领先地位，并成为全世界公认的“学术机构的楷模”和科学研究中心。当时，学生要想真正了解一门学科，必须阅读德文教科书；科研人员要想了解科研的发展趋势，就必须阅读德文刊物。（外尔，2004）1820年，美国著名历史学家和教育改革家班克罗夫特（George Bancroft，1800—1891）在给哈佛大学校长柯克兰（John Thornton Kirkland，1770—1840）的信中写道："没有任何政府能像普鲁士那样清楚如何创办大学和中学。"（Vereeck，2001）[94]当时美国的大学均以德国的大学为发展模式——约翰·霍普金斯大学就是以柏林大学为蓝本建立起来的。

1870—1871年，德国再战法国并取得胜利，短短的半个多世纪内，德法两国交战的结果为何截然不同？法国著名哲学家、历史学家和宗教学家勒南（Ernest Renan，1823—1892）的答案是："赢得战争的是德国大学。"（Rudy，1984）

从某种意义上讲，我们可以将教育体制现代化，尤其是现代大学的建立看作德国现代化的开端。德国教育史专家埃尔温认为19世纪普鲁士的教育制度，已成为德国现代化的决定因素。它是19世纪下半期德国工业化"跨越式"发展的重要前提。而德国的大学是该教育体制的重要部分，这个部分为教育思想提供了一个跨世纪的开端，它用"科学"这个思想模式造就了自己，并形成了自己的基准点。（Ellwein，1985）

德国现代大学的建立也促进了科学家群体的职业化。1821年，在解剖学家奥肯（Lorenz Oken，1779—1851）的倡导下，德国自然科学家与医生协会（Gesellschaft Deutscher Naturforscher und Ärzte，简称GDNÄ）第一次会议在莱比锡举行，与会者是来自说德语国家的科学家和医生。德国自然科学家与医生协会成立之初得到普鲁士政府的承认和支持，逐渐成为具有德国特色的科学家交流形式。它的成立标志着德国科学共同体的形成和稳定的科学家角色的产生。科学家们通过定期的交流不仅获得了同行的认可，而且得到了社会的承认。此后，德国天文学会、地质学会和化学学会等分学科学术团体也相继成立。德国学术共同体借助学术研究不断与大学进行互动，随着大学实验室和工业实验室的相继建立，德国科学逐步实现了体制化，它的独特作用日益凸显。

三、有教养的中产阶层

“有教养的中产阶层”（Bildungsbürgertum）是德语特有的词汇，它包含了受教育（gebildet）和公民（Bürger）两层含义。它通常指那些出身寒微，但通过教育获得学识和能力的知识分子群体。18世纪以前，德国社会依然沿袭着中世纪欧洲的传统，各社会阶层之间的流动性很小，除了在军事等少数领域，普通人提升社会地位的机会很少。从18世纪开始，教育逐渐成为出身普通的德国人向上发展的途径。通过接受尽可能多的教育，一些非贵族子弟逐渐获得一些较低的公职，成为公务员、牧师、教职人员，或者进入医学或法学领域，并渐渐形成了一个特有的阶层，即德国有教养的中产阶层。他们的共同点是通过受教育来实现自己的理想，而当他们成功以后，则倾向于使自己的子女用同样的方式提升社会地位。德国有教养的中产阶层不同于欧洲其他国家的相应阶层，他们与国内新兴的资产阶级关联甚少。自他们从平民和贵族的夹缝中崛起的那一刻起，就发展出了一种强烈的精神信仰，一种使自己在充满权力和世俗实用气息的世界中自我精神贵族化的倾向。作为一个社会阶层，其构成较为复杂，不确定性很强，而教育成为凝聚这一阶层的核心元素。大学是这一群体的中心，它既是思想的发源地又是现实的聚集地和活动舞台，教育过程本身也构成了这一群体的门槛和身份证明。毫无疑问，这是一个社会的中间群体，这种中间性表现在对上对下两方面。一方面，这个阶层的动力是挑战那些拥有特权的贵族阶层，教育是他们挑战的武器，也是他们的价值依托；另一方面，教育是使他们树立精英文化意识的工具，也是这一阶层的根本目标。而德国教育改革和工业化的发展，为实现他们的理想提供了可能。

1791年，普鲁士引入了文职考试制度，从而确立了文职人员对于自己职务的合法保有权。这一考试使受过良好教育却出身低微的人在与那些未被训练的贵族的竞争中处于优势，并且强化了大学与公务员之间的联系。1794年颁布的《普鲁士总法》为各社会阶层的权利和义务提供了一个总则。有教养的中产阶层推崇的理性原则得到了体现，普鲁士的公务员权责获得了系统性的保障和证明。

德国近代统一和崛起的过程中，有教养的中产阶层扮演了重要角色：

第一，对整个民族进行启蒙和教育，提高国民素质，在政治、经济、教育等各方面为德国现代化提供智力支持。这种现代化并不是照搬英法模式，而是在对自身文化进行挖掘的基础上进行的。德国社会长期落后于英法，所以德国市民阶级的首要任务是发展教育，摆脱旧的贵族阶层统治模式，引导整个民族向着自主运用理性的目标迈进。

第二，确立德意志民族的自我认同，拒斥英法等国的“普遍价值”话语体系。在德国有教养的中产阶层看来，较先进的英国和法国为自己的特殊利益和霸权地位发明出一整套“普遍”的价值话语。作为现代世界的后来者，德国受教育市民阶级一方面要加快社会组织和政治体制上的现代化，但同样重要的是反对英法等国制定的“普遍真理”，牢牢地把握住德国市民阶级的根本利益，把它上升到“价值”层面，作为自我存在的根本信仰去维护，为之不懈地奋斗。

第三，树立自身在民族文化崛起和国家统一过程中的领导地位。1848年革命的失败，意味着文化精英阶层靠自身努力直接获得国家统一尝试的结束。而对新的统一国家的追寻，就转变为在精神文化层面为普鲁士的铁血政策所体现的国家意志提供支持。1871年德国统一后，受教育中产阶层开始捍卫自身的领导权，重新确立自己作为德意志文化和精神代表的地位。证明自己比德国社会其他阶层和利益集团更有资格和责任作为德国的领导者。

从价值观上看，德国有教养的中产阶层的根本目标是保证德国（市民阶层）民族的根本利益，并进一步将这种民族利益在普遍性价值的层面发挥出来。当然这种价值观念与传统的贵族政治和后来的民主政治（其背景是大众文化）都会发生一些摩擦，而这种摩擦也伴随着近代史上德国崛起的整个过程。

作为一个“知识饥渴”的民族，德国人对教育的重视程度可能会超出很多人的想象。（Rudy，1984）[204]当然，对教育无上重视的回报是高素质的国民及国力的快速增长。19世纪初，德国学校教育体系已经闻名欧洲，也正是从这一时期开始，德意志民族开始了一段传奇式大国崛起的历程。

“教育”这个词大概指四种知识或能力，每一种知识或能力都对社会发展做出了贡献：（1）读、写和计算的能力；（2）工匠和机师的工作技能；（3）将科学原理与应用训练结合起来的能力；（4）理论和应用方面的高级知识。在这四个领域中，德国都代表了欧洲所能提供的最高水平。（波斯坦 等，2002）[539]据一份意大利的资料显示，军队招募的每千名新兵中，意大利有330名文盲，奥匈帝国有220名，法国有68名，而德国仅有1名。获益的不仅是军队，还有需要熟练工人的工厂，需要受过良好训练的工程师的企业，寻求化学家的实验室，期望得到管理人员和推销员的公司。德国职业教育学校、多种技术学院和大学能够培养上述人才。（Rudy，1984）[204]回顾德国现代教育体制形成的过程，国家支持、社会认同和制度创新起到了关键作用。

德国的教育体制设计得非常细致，在初等教育领域，坚持普惠和强制的义务制教育；在中等教育领域，将人文中学与实用型中学区分开来；在高等教育领域，将大学与高等技术学院区分开来；还形成了特色鲜明的职业教育。此外，还有一系列的创新做法，比如专业研究机构、专业科学刊物的创办、导师终身教席制等等。所有这些因素综合在一起，使德国教育体制与工业界建立了富有成效的合作关系，德国工业革命得以加速推进。（方在庆，2004）[59]在整个19世纪，德国的教育体制在欧洲都是一流的。直到一战前，英国的教育体制与德国相比还存在着相当大的差距。（波斯坦 等，2002）[543]英国诗人、评论家阿诺德（Matthew Arnold，1822—1888）对德国大学的评价可谓恰如其分：法国大学缺乏自由，英国大学缺乏科学，德国大学则两者兼而有之。（Arnold，1892）

1871年德意志第二帝国的成立，标志着德国各州经济和政治的统一。统一后的德国面积为267339平方英里，比英国（包括整个爱尔兰在内）大两倍，人口为4106万，比英国多出近1000万，与美国人口相当。

科技发展是现代工业生产发展的基础，也是一个国家现代化发展的主要动力。德国统一后大力推进现代化战略，统一伊始，德国的大部分地区已完成了第一次工业革命，德国又充分利用后发优势，大力推广和使用新技术和新设备，促使德国工业高速发展。最终德国建立了一个以电和化学工业为代表的比较发达的产业体系，并最终实现了现代化。

综观这一时期德国的科技发展，其主要特点在于：注重前沿实用科技的开发和应用，以满足实际经济发展的需要，同时大力加强基础科学的研究，以保证实用科学技术的持续开发能力和领先水平。正是由于这种特点，到 19与20世纪之交，德国成了科学上的先导国家。（邢来顺，2003）[73]

第二节　基础科学研究的突破

一、哥廷根学派与世界数学中心的形成

回顾世界科学史的发展，尤其是19世纪以来的现代科学之路，我们可以发现，如果一个国家拥有一批高水平的数学家，那么它也往往具有强大的科技实力。世界科学中心的变迁似乎可以看成是数学中心的转换，并且数学中心往往比科学中心形成得更早一些。数学对其他自然科学的发展具有明显的先导作用，数学为物理学、天文学、化学、生物学、地学、技术科学乃至人文科学提供了新的工具和方法。曾被认为没有实用价值的纯数学如拓扑学、代数几何学、算子代数及数论等都有了实际的应用，并对被应用的学科产生了巨大的推动作用，如黎曼几何之于相对论、希尔伯特空间之于量子力学、算子代数之于量子场论、群论之于原子结构、纤维丛理论之于规范场理论等。数学方法已成为与科学实验、科学理论和科学计算并列的第四个重要的科学方法。（路甬祥 等，2001）[125-126]

高斯（Carl Friedrich Gauss，1777—1855）认为数学是“科学皇后”。由高斯开创，并由一大批后人铸就的德国数学帝国为德国成为世界科学中心做好了准备。诺贝尔物理学奖第一个获得者伦琴（Wilhelm Röntgen，1845—1923）在回答科学家需要什么样的修养时毫不犹豫地说：“第一是数学，第二是数学，第三还是数学。”（邓东皋 等，2001）

在高斯时代，当时世界数学中心并不是德国，而是它的邻居法国。继高斯之后，狄利克雷（Johann Dirichlet，1805—1859）成为哥廷根大学数学教授，他与黎曼开创了此后辉煌半个多世纪的哥廷根数学学派。（邓东皋 等，2001）1886年，克莱因（Christian Feliu Klein，1849—1925）接受邀请来到哥廷根大学，直到1913年退休。他使哥廷根大学重新成为世界数学研究的重要中心。

克莱因

克莱因在求学时期便成为数学家、物理学家普吕克（Julius Plücker，1801—1868）的助手，并逐渐对数学和物理学产生了兴趣。在普吕克的指导下，克莱因获得了博士学位。1869年初，克莱因来到哥廷根，协助克莱布什（Rudolf Clebsch，1833—1872）整理普吕克的遗著，他从克莱布什那里学到了不变式论以及光学，并完成了他的一篇重要论文，发现一阶和二阶线性复形与库默尔（Ernst Kummer，1810—1893）曲面有关。1871年克莱因发表论文《论所谓非欧几何学一》（*Über diesogenannte nicht-euklidische Geometrie I*），但受到哲学家及数学家的攻击，这促使他更深入研究几何学基础。

在克莱布什的推荐下，克莱因于1872年来到埃尔兰根大学担任正教授。不久克莱布什病逝，他成了克莱布什学术研究的继承人。他把克莱布什的朋友及学生组织到自己周围，继续进行《数学年鉴》（*Mathematische Annalen*）的编辑工作，并编辑克莱布什的讲义。克莱因提出了一个影响深远的研究纲领，即《新近几何学研究的比较考察》（*Vergleichende Betrachtangen über neuere geometrische Forschungen*）。由于克莱因这个时期在埃尔兰根，因而这个纲领一般被称为埃尔兰根纲领。在埃尔兰根时期，克莱因的教课范围仍然是几何学，但与朋友及同事的交流大大扩大了他的眼界，他的研究工作也从几何学扩展到代数学、分析学。

1874年11月，克莱因被任命为慕尼黑工业大学教授。他在慕尼黑的研究工作先是代数方程，接着是椭圆模函数理论。他还研究黎曼的著作，并对拓扑学做出了贡献。1880年秋，他到莱比锡大学任几何学教授，次年创办莱比锡大学第一个数学讨论班。1881年夏天，他看到法国数学家庞加莱（Jules Henri Poincaré，1854—1912）在《法国科学院院报》（*Comptes Rendus*）上发表的三篇关于自守函数的论文，于是开始了同庞加莱的通信，两人也由此展开了一场讨论。

1886年春，克莱因就任哥廷根大学教授，他把更多精力放在教学工作、行政组织工作以及国际交流等方面，致力于将哥廷根大学建成世界一流的数学及物理学中心。1892年，克莱因对哥廷根大学的教育制度及教学计划进行重大改革，大大加强了应用数学的分量，陆续设立了应用数学的教授、副教授席位。

1890年，德国数学家联合会正式成立，克莱因是创始者之一，并于1897、1904、1908三次任大会主席。1893年，美国召开国际数学家大会，克莱因代表德国政府参加了这次会议。他在会上作了《当前数学的状况》的报告，还在会上宣读了十几篇德国数学家的论文。会后，他又专门为与会者作了12次报告。

1895年，他积极参与德国《数学科学百科全书》（*Enzyklopdie der Mathematischen Wissenschaften*）的筹划工作，并于1899年起任力学部分的主编。克莱因创立了哥廷根应用数学及物理学促进学会，这个协会创立的目的是在哥廷根大学建立更多应用数学机构，由工业界和大学以及私人赞助进行财政上的资助，由此逐渐产生了一系列的应用数学分支，首先是画法几何学，其次是保险数学。同年，克莱因提出了一个关于建立一个单独的数学研究所的规划，第二年该研究所开始工作。由于数学系的扩张，使得数学系的职位增多。1904年，克莱因又请来龙格（Carl Runge，1856—1927）担任应用数学教授，从此哥廷根大学形成了一个纯粹数学与应用数学协调发展的黄金时代。

希尔伯特（David Hilbert，1862—1943）在这里发明或发展了不变量理论、公理化几何和希尔伯特空间等重要理论。他于1900年在巴黎国际数学家会议上提出23个数学问题，对20世纪的数学研究产生了持续性影响。闵可夫斯基（Hermann Minkowski，1864—1909）为狭义相对论提供了数学框架——闵可夫斯基四维时空。外尔最早提出规范场理论，并为广义相对论提供理论依据。诺特（Emmy Noether，1882—1935）为一般理想论奠定了抽象代数的基础，并在此基础上推动了拓扑学的发展。冯·诺依曼（John von Neumann，1903—1957）发展了泛函分析，为量子力学提供了严格的数学基础。柯朗（Richard Courant，1888—1972）在应用数学的偏微分方程求解方面所做的工作，为空气动力学等一系列实际问题的突破扫清了障碍。除上述数学家外，当时还有一大批优秀的数学家在哥廷根大学学习工作。到1913

年克莱因退休时，哥廷根大学已经毫无争议地成为世界数学中心。

二、化学发展与教学研究实验室的建立

1. 李比希的教学研究实验室与世界化学中心的转移

长期以来，利用化学方法制造药物是德国化学研究的重要领域。因此直至19世纪初，德国化学家多出身于药剂师。而德国大学仅在自然哲学教学中涉及部分化学知识，李比希（Justus von Liebig，1803—1873）的大学时代就是在这种情况下度过的。1822年，李比希来到当时世界化学中心法国，在化学大师盖—吕萨克（Joseph Louis Gay-Lussac，1778—1850）的私人实验室从事雷酸研究工作。在盖—吕萨克严格的学术训练和法国大学注重科学实验氛围的熏陶下，李比希获得了丰富的化学知识和实验技巧。1824年，李比希回国，并向黑森政府提交了盖—吕萨克和亚历山大·洪堡的推荐信，年仅21岁的李比希被任命为吉森大学编外教授，到任后的第二年，他升任正教授。作为“海归”的李比希不仅将所学知识传授给学生，更为重要的是他引导德国形成了实验室研究传统，此举为德国化学工业大发展奠定了坚实基础。

在19世纪20年代之前，现在大学当中普遍进行的实验室研究，还被认为是专门为药剂师的职业培训所设计的，并不适合在大学里讲授。当时教师们进行实验室研究都是不公开的。（方在庆，2004）[58]化学实验教学的条件就更差了，为数不多的著名实验室都是私人性质的，只能让少数学生做研究。李比希依照从法国学到的先进经验对化学实验室和教学方法进行了改造。他将旧兵营的房屋进行了改造，自己出资购置了装备和药品，1826年，这个具有现代雏形的实验室成立了，可容纳120人，讲台两侧配有为演示实验准备的各种仪器。李比

希首次将实验引入自然科学教学，他编制的全新教学大纲要求学生在学习化学理论的同时还要亲自做实验，先使用已知化合物进行定性和定量分析，然后从天然物质中提纯和鉴定新化合物，还要进行无机合成和有机合成。学完这一课程后，在导师指导下进行独立的研究作为毕业论文项目。最后通过鉴定获得哲学博士学位，完成课程最快需要9个月。吉森大学于19世纪30年代将这种教学方法固定下来，众多学生和学者慕名而来，吉森大学几乎成了当时化学界的中心。李比希门下人才济济，前后共有约450位化学家和300多位药剂师在吉森受过训练（西蒙斯，2007）[126]，较著名的有为德国染料化学和染料工业奠定基础的霍夫曼，提出苯环状结构学说的凯库勒，发明用卤代烷和金属钠作用制取烃的武慈（Adolph Wurtz，1817—1884），发明用卤代烃与醇钠或酚钠作用制备混合醚的威廉姆逊（Alexander Williamson，1824—1904）等等。李比希的老师盖—吕萨克也把儿子送来学习化学，而李比希的好友、著名化学家维勒（Friedrich Wöhler，1800—1882）则把学生介绍到吉森实验室深造。正如英国著名科学史家丹皮尔（William Cecil Dampier，1867—1952）所说，从1826年吉森实验室的建立到1914年，学术研究的有组织工作在德国异常发达，远非他国所及。（丹皮尔，2009）[277]实验室与教学及科研的结合为科学活动的体制化、科学家的职业化创造了必要条件，从而为科学的持续发展提供了重要保证。

为了促进科学发展，加快人才培养，李比希于1832年创办《化学年鉴》（*Annalen der Chemie*）。他在科研、教学之余，投入大量精力从事编辑工作。他仿效瑞典著名化学家贝采利乌斯（Jöns Jacob Berzelius，1779—1848）的做法，对每一篇刊载的文章都要亲自写短评。为了了解需要评论的论文内容，他在写短评前要在实验室里对文章的内容进行验证。李比希也鼓励学生自由选题，按照自己的方式完成课题，并以自己的名义发表在《化学年鉴》上。李比希说："现在奖励年轻人的任何办法都没有比让他们在印刷物中看到自己的名字为好。法国人有与此完全颠倒的体制，在巴黎或外省完成的一切实验成果都以教授的名义发表，这就挫伤了年轻人的锐气。在我这里做的人都以自己的名字发表文章，即使他们得到了我的帮助。"（邢润川 等，1989）李比希的美国学生霍斯福德（Eben Horsford，1818—1893）认为李比希不是一个化学里的操作者，而就是化学本身。这种评价应该是不过分的，李比希的工作是德国化学和染料工业取得成功的一个主要原因。（西蒙斯，2007）[124]

李比希对学生来说具有超凡魅力，学生对他的钦佩是无以复加的，以至于当李比希为配置无水酸要将腐蚀性液体涂在学生皮肤上时，他们心甘情愿地伸出赤裸的胳膊帮这个忙。（西蒙斯，2007）[126]李比希的学生毕业后纷纷效仿吉森化学实验室的做法，在德国各地乃至他国建立了一大批教学实验室，他们与李比希一起形成了世界上第一个重要化学派别——李比希学派。而在诺贝尔化学奖最早的60位得主中，有42位曾是李比希的学生。一些新兴学科，如生理学、实验生理学能在德国兴起，与此有极大的关系。更重要的是，化学实验室与工业需求联系起来。当时，德意志各邦的教育部长们为了提高自己邦的学术声誉，总是愿意出巨资聘请著名的科学家来任教。这些科学家趁

李比希

机提出要在大学建立实验室，开展自然科学研究的诉求。大学实验室教学研究很快在德国得到推广。大约从19世纪中期开始，某些德国大学的实验室变成了研究中心，有的实际上是国际科学共同体的各个领域的活动中心。（戴维，1988）[238]李比希及其领导的实验室正是这样的典范，而其显赫的国际声誉也是德国科学开始赢得世界科学中心地位的明证。日本学者汤浅光朝统计显示，从柏林大学的创立（1809）到德国失去科学中心地位（1920）期间，德国有200位科学家获得279项科技成果。同期英国有122位科学家获174项科技成果，法国为88位和107项，德国几乎为英法之和。20世纪初，德国已经毫无争议的成为世界科技强国。

2. 海归与核心技术的突破

“海归”在德国化学工业发展中起到了至关重要的作用。英国在19世纪70年代中期以前一直控制着世界染料市场，德国的染料工业并没有多少建树，它们主要模仿英国和法国的技术生产苯胺染料。为改变这种局面，德国加大了人才引进力度，1860年，巴斯夫公司（BASF）开出年薪5000英镑的“天价”成功将在英国工作的卡罗（Heinrich Caro，1834—1910）招致麾下，担任研究部长。卡罗组建了化学实验室，吸引到了布伦克（Heinrich von Brunck，1847—1911）、格拉泽（Carl von Glaser，1841—1935）以及李比希的学生克莱姆兄弟（Carl Clemm，1836—1899，August von Clemm，1837—1910）等一批化学家。

德国合成染料的研究及其工业化在德国科技发展与工业化进程中留下了浓墨重彩的一笔，而这一切与霍夫曼等人的努力有着密切联系。1845年，霍夫曼来到英国，担任英国皇家化学学院（Royal College of Chemistry，RCC）首任院长和教授之职，在此继续进行煤焦油研究。在对苯胺充分研究的基础上，霍夫曼推断芳香族胺可以合成奎宁，并指导他的学生珀金（William Perkin，1838—1907）进行深入研究。珀金并没有发现治疗疟疾的特效药物，但却幸运地发现了对合成染料具有划时代意义的苯胺紫。珀金深信他的发现具有不错的商业前景，于是他弃学从商，并于1857年在伦敦建立了世界上第一座合成染料工厂。

霍夫曼分别于1858年和1860年合成了红色染料碱性品红和蓝色染料苯胺蓝，并分析得出了苯胺黄、苯胺蓝及帝国紫之间的结构关系，这为大规模生产合成染料奠定了坚实的理论基础。随着有机化学理论的建立，尤其是1865年凯库勒发现苯环，合成染料生产摆脱了对经验的依赖，其科学性、合理性和自觉性逐渐增加。

1865年，随着霍夫曼和一些掌握真才识学的“海归”纷纷归国，德国的合成染料工业获得了突破性发展。1869年，德国巴斯夫公司两位青年化学家格雷贝（Carl Graebe，1842—1927）和利贝曼（Carl Liebermann，1842—1914）首次合成了天然染料茜素。这一高附加值的畅销产品不仅使曾经一度濒临倒闭的巴斯夫公司成为欧洲最大的茜素生产企业，也就此带动了德国化学工业的崛起。

1878年，格雷贝与拜耳合成了更加重要的天然染料靛蓝，这是合成染料最重要的突破之一，为发现更多的天然合成染料铺平了道路。1897年，巴斯夫公司开始大规模生产合成靛蓝，到1913年，天然靛蓝已经退出历史舞台。1901年，巴斯夫公司成功研制出阴丹士林（Indanthrone）。这类染料色泽鲜艳，具有耐晒、耐磨、耐洗和耐烫等诸多优点，一经推出便大受欢迎。阴丹士林成为世界最著名的染料品牌，甚至成为德国化学工业的代名词。除了巴斯夫公司外，德国还拥有赫希斯特（Hoechst AG）和拜耳（Bayer AG）等7家大型合成染料企业。1913年，德国8家最大的合成染料企业80%的产品用于出口，国际市场占有率高达90%。（Fred et al.，1991）

三、物理学的崛起

1. 亥姆霍兹与“能量守恒定律”

作为强大的德国科学界的政治及精神领袖，亥姆霍兹可以算是19世纪最伟大的博学者，他在医学、生理学、物理学和化学、音乐和哲学方面都做出了杰出贡献；他对旋风、雷暴、空气和冰河的研究奠基了气象学基础；他在认识论方面的贡献，使他成为19世纪最伟大的科学哲学家之一；他还是现代物理学在理论、实验和高技术应用方面的奠基人。（西蒙斯，2007）[209]

亥姆霍兹

在19世纪最后几十年，亥姆霍兹受到人们普遍尊崇，即使对他的工作一无所知的人也是如此，颇有点像20世纪的爱因斯坦。（Cahan，1993）亥姆霍兹最为后人熟知的也许是他对能量守恒定律的贡献。能量守恒定律是19世纪最重要的科学发现之一，作为牛顿力学体系建立以来物理学第二次理论大综合，能量守恒定律揭示了热学、力学和电化学等各种运动形式之间的统一性，它还直接引起一门新学科——热力学的建立。而热力学的建立可以说主要是由德国科学家完成的，迈尔（Julius Robert Mayer，1814—1878）和亥姆霍兹等人是其主要缔造者。作为现代物理学的基本原则之一，能量守恒定律的发现过程充满了戏剧性。

德国医生迈尔是历史上第一个提出能量守恒定律并计算出热功当量的人。1842年，迈尔在李比希主编的《化学与药物年鉴》上发表了名为《论无机界的力》（*Bemerkungen über die Krüften der unbelebten Natur*）的论文。他在文中提出一切能量都不会消失的思想，并用mv^2代替mv表示运动量。这篇文章并未引起同行们的注意。

1845年，迈尔自费出版了一本名为《有机体的运动与新陈代谢》（*Die organische Bewegung in ihrem Zusammenhange mit dem Stoffwechsel*）的小册子。他在书中再次论述了能量守恒定律，他还把物理能的形式分为五种：重力势能、动能热、磁、电和化学能。虽然这本小册子亮点颇多，但仍未受到科学界的重视。 迈尔也许命中注定只能扮演悲剧角色，他的科学成就长期得不到科学界的承认，甚至遭受到攻击，他的五个孩子也相继夭亡。1850年，迈尔自杀未遂，从此患上了精神错乱症，长期在精神病院中疗养。1878年，迈尔在孤寂中离开了人世。

与迈尔相比，亥姆霍兹要幸运得多。在对迈尔的研究毫不知情的情况下，亥姆霍兹于1847年向柏林物理学会宣读了他的论文《论力的守恒》（*Über die Erhaltung der Kraft*）。这篇物理学史上的经典力作从不同学科角度对能量守恒定律的普适性进行了论证。由此开始，能量守恒定律从不完善的构想成为较成熟的理论。虽然同时代的迈尔和焦耳拥有类似的结论，但许多科学史学家仍然愿意把亥姆霍兹看作能量守恒定律最重要的发现者。尽管《论力的守恒》的重要性未能在一夜之间得到认可，但它足以让亥姆霍兹成为物理学史上的一颗恒星。

1858年，亥姆霍兹来到海德堡大学任教，并主持建立了一个新的生理学研究所。虽然当时德国的生理学研究一派繁荣景象，但亥姆霍兹觉察到，生理学涵盖的范围过于宽泛，研究者很难对其进行总体把握。此外，德国物理学因缺乏受过良好训练的新生力量而出现裹足不前的迹象。因此，亥姆霍兹于1871年接受了柏林大学声望极高的物理学教授一职，他将自己的后半生几乎全都献给了物理学。

亥姆霍兹将英国物理学家麦克斯韦（James Clerk Maxwell，1831—1879）的理论引入欧洲大陆物理学并确立其主导地位。亥姆霍兹发表了一系列论文来评价当时主要的电动力作用研究成果，逐渐认同了麦克斯韦的电磁学理论，并认识到其中隐含着电现象的粒子理论。亥姆霍兹认为："如果我们认可基本物质（元素）由原子构成这一假设，那我们必然会得出这一结论：电，无论是正电还是负电，均可被分解成许多像电原子一样运动的基本部分。"（西蒙斯，2007）[209]1886年，在亥姆霍兹的鼓励下，他的学生赫兹（Heinrich Rudolf Hertz，1857—1894）用实验方法证实了麦克斯韦所预言的电磁波的存在，亥姆霍兹称之为"19世纪最重大的物理发现"。

1887年，亥姆霍兹来到柏林夏洛腾堡（Charlottenburg），成为帝国物理技术研究所（Physikalisch-Technische Reichsanstalt，PTR）的首任主席。研究所在亥姆霍兹的领导下致力于以热力学为基础的精密测量热辐射的研究，维恩（Wilhelm Wien，1864—1928）在这里发现热辐射定律，并因此获得1911年的诺贝尔物理学奖。研究所对黑体辐射的研究使其成为量子论的发源地，对普朗克创立量子假说的影响不容小觑。随着研究所研究的重要性日益增加，它逐渐扮演了德国国家计量局的角色，这成为后来许多国家成立"标准局"的范例。

亥姆霍兹在诸多学科的贡献使他成为德国最后一位继承莱布尼茨（Gottfried Leibniz，1646—1716）传统的科学家（Gillispie，1972）[253]，他的任何一项发现几乎都可以使他名垂青史。但他的认识论对同时代及以后德国科学家的影响与启发有着更大的价值。赫兹、维恩、普朗克和爱因斯坦等都不同程度地受到这位“德国科学的帝国首相”哲学思想的影响。普朗克曾说：“和亥姆霍兹交谈时，每当他用那种镇定、透彻、敏锐却又那么和蔼的眼神看着我，我心中便会涌现出一种无尽的子女对父母般信赖与爱的感觉……”。亥姆霍兹对几何学、数学及力学基本概念的批判直接影响了爱因斯坦的自身认识论的形成及对康德哲学的看法。（许良，2001）爱因斯坦曾说：“我越来越钦佩亥姆霍兹的原创力和自由思想。”（Stachel et al.，1987）爱因斯坦曾多次谈到他在苏黎世联邦工业大学学习时，曾利用课余时间认真研读了亥姆霍兹和赫兹等人的论著，特别是亥姆霍兹的六卷本《理论物理学讲义》（*Vorlesungen über Theoretische Physik*）使他受益匪浅。从某种意义上讲，亥姆霍兹硕果累累的一生可以看成是那个时代德国科学的缩影。19世纪最后几十年，德国的科学就像德意志帝国一样已经在欧洲大陆确立了牢牢的霸主地位。（Gillispie，1972）[252]

2. 基尔霍夫

基尔霍夫是19世纪中叶以后德国研究理论物理学的主要人物和德国科学全盛时期的代表之一，在电路、光谱学的基本原理领域（两个领域中均有根据其名字命名的基尔霍夫定律）有重要贡献，他还创造了“黑体”（Schwarzer Körper，Black Body）一词。基尔霍夫1847年发表的两个电路定律发展成了欧姆定律，对电路理论有重大作用。1859年，他制成分光仪，并与化学家本生（Robert Bunsen，1811—1899）一同创立光谱化学分析法，从而发现了铯和铷两种元素。同年他还提出了热辐射中的基尔霍夫辐射定律，这是辐射理论的重要基础。

基尔霍夫在柯尼斯堡大学就读期间，就自己发现的规律应用于欧姆（Georg Ohm，1789—1854）的研究成果，提出了网络电路的基尔霍夫定律，即节点电流定律和回路电压定律。它能正确、迅速地求解任何多回路电路问题，是解决复杂电路问题的重要工具。他还首创了一个实验，即模拟导电媒质中的平面电势场（该实验基础物理学及实验室仍在使用）。在海德堡大学任教期间，基尔霍夫和本生一起进行了大量富有成果的实验，通过对天体光谱学的研究大大促进了观测天文学的发展。

基尔霍夫提出的热辐射定律、辐射平衡和绝对黑体概念等，是开辟20世纪物理学新纪元的关键之一，1900年普朗克的量子论就发轫于此。基尔霍夫最先注意到研究黑体辐射能量分布的重要性，他的黑体辐射研究和光谱分析法，对近代物理学发展起了很大的促进作用，尤其后者对氢光谱规律的发现具有启发意义。

3. 赫兹

赫兹曾师从基尔霍夫和亥姆霍兹。1880年赫兹获得博士学位，但继续跟随亥姆霍兹学习，直到1883年，他收到来自基尔大学出任理论物理学讲师的邀请。1885年，基尔大学准备晋升赫兹为副教授，但他不愿获得一个纯理论物理学家的职位，而卡尔斯鲁厄大学工学院准备给予赫兹物理学教授职位。考虑到该大学有较好的物理研究所，于是他便来到了卡尔斯鲁厄大学。赫兹在1886年至1888年间首先通过试验验证了麦克斯韦的理论，他证明了无线电辐射具有波的所有特性，并发现电磁场方程可以用偏微分方程表达，通常称为波动方程。1887年11月5日，赫兹在寄给亥姆霍兹的一篇论文中总结了这个重要发现。接着，赫兹通过实验确认了电磁波是横波，具有与光类似的特性，如反射、折射、衍射等，并且实验了两列电磁波的干涉，同时证实了在直线传播时，电磁波的传播速度与光速相同，从而全面验证了麦克斯韦的电磁理论的正确性。并且赫兹进一步完善了麦克斯韦方程组，使它更加优美、对称，得出了麦克斯韦方程组的现代形式。此外，赫兹又做了一系列实验，他研究了紫外光对火花放电的影响，发现了光电效应，即在光的照射下物体会释放出电子的现象。这一发现，后来成了爱因斯坦建立光量子理论的基础。1888年1月，赫兹将这些成果总结在《论动电效应的传播速度》（*Ueber die Ausbreitungsgeschwindigkeit der electrodynamischen Wirkungen*）一文中。

赫兹的实验公布后，轰动了全世界的科学界。由法拉第（Michael Faraday，1791—1867）开创，麦克斯韦总结的电磁理论，至此才取得决定性的胜利。赫兹的发现具有划时代的意义，它不仅证实了麦克斯韦发现的真理，更重要的是开创了无线电电子技术的新纪元。随着迈克尔逊在1881年进行的实验和1887年的迈克尔逊—莫雷实验推翻了光以太的存在，赫兹改写了麦克斯韦方程组，将新的发现纳入其中。通过实验，他证明电信号像麦克斯韦和法拉第预言的那样可以穿越空气，这一理论是发明无线电的基础。他注意到带电物体在被紫外光照射时会很快失去它的电荷，发现了光电效应，后来由爱因斯坦给予解释。在1900年左右，世界物理学科1/3的论文和42%的发现都是德国人的杰作。（邢来顺，2003）[75]

四、物理学革命——量子力学与相对论

19世纪末的物理学看起来已经相当完美，一切物理现象似乎都能够从相应的理论中得到满意的回答；一切力学现象原则上都能够从经典力学中得到解释，牛顿力学以及分析力学已成为解决力学问题的有效工具；对电磁现象的分析已形成麦克斯韦电磁场理论，它还可用来阐述波动光学的基本问题；至于热现象，也已经有了唯象热力学和统计力学的理论，它们对于物质热运动的宏观规律和分子热运动的微

观统计规律，几乎都能够做出合理的说明。经典力学、经典电磁场理论和经典统计力学都各自形成了完整的体系，物理学的基本原理为所有自然科学所遵循，物理学的自然观成为所有自然科学学科的基本思想。物理学的成就如此辉煌以至于当时优秀的物理学家们都感到科学的新发现已经到了尽头，甚至断言未来物理学的发现要到小数点的第六位后去找了。（路甬祥 等，2001）[127]

1900年4月，英国著名物理学家开尔文（Kelvin,William Thomson，1824—1907）发表了题为《19世纪热和光的动力学天空上的乌云》的演讲。他在回顾物理学所取得的伟大成就时说，物理大厦已经落成，所剩只是一些修饰工作。他在展望20世纪物理学前景时指出，晴朗的物理学天空仍然有两朵乌云令人担忧。这两朵乌云便是两个无法得到令人满意解释的物理学现象：迈克尔逊—莫雷实验（Michelson–Morley Experiment）以及黑体辐射（Black Body Radiation）。开尔文的担忧并不是多余的，正是这两朵乌云引发了物理学强震，最终导致了从20世纪初开始的一次物理学革命。

1. 量子力学

经典物理学的突破是从黑体辐射开始的。19世纪中叶前后，钢铁工业已经成为当时欧洲最为重要的工业部门，各国都在不遗余力地生产钢铁。炼钢的关键是控制炉温，但面对数千度的高温，任何温度计都会顷刻熔化。于是研究人员希望通过对黑体辐射的研究从钢水的颜色辨认温度。但是遇到了一个令人无法解释的现象，那就是无论构造怎样的辐射模型，理论算出的黑体辐射曲线都不能与实验曲线一致。不是在长波波段出现差错，就是在短波波段出现发散，这便是所谓的紫外灾难（Ultraviolet Catastrophe）。到19世纪90年代，主要负责为工业制定标准的帝国物理技术研究所要为刚刚起步的灯具工业制定标准，因而成立了黑体辐射研究中心，维恩是该中心的研究人员之一。1896年，他提出了一个似乎得到经验支持的维恩定律，用一个温度的函数来描述能量的光谱分布。三年之后，普朗克从理论上对维恩定律进行了严格推导。普朗克对这一既不依赖于机械动力学也不依赖于电动力学的结论很满意，毕竟维恩定律已经与测量结果契合。（克劳，2008）但理论和实验的和谐没有持续太久，此后进行的精确测量表明，维恩定律只适用于高频短波段，在低频长波段失效。在低频长波段的测量结果与英国物理学家瑞利男爵（John William Strutt，Third Baron Rayleigh，1842—1919）发表的辐射公式相符。这种测量间的相互矛盾促使普朗克重新思考这个问题。

1900年10月，普朗克提出了一个合乎经验资料的新公式，但是这种他后来自称为“幸运的猜测”（glückliches Erraten）的公式仍然缺乏理论上的解释。经过几周紧张的工作，他于12月14日向德国物理学会提交了一份报告。为了得到辐射定律的理论推导，他假定能量（E）是一个与频率成正比的不连续量，导入了一个自然常数h作为作用量子。这是一个大胆的假定，因为它违背了经典物理学的基本假定：自然界不做任何跳跃。

普朗克

普朗克及与他同时代的其他人并没有马上意识到“能量是量子化”这个假定的真正意义，有些物理学家甚至想把作用量子当作一个数学虚构去除掉。5年之后，26岁的爱因斯坦将量子假说发展为光量子假说，解释了光电效应。10年之后，在第一届索尔维会议（Solvay Conferences）上，量子假说才得到多数物理学家的承认。逐渐地，物理学家们认识到了h值的意义远远超出了辐射问题，它为理解原子过程提供了一把钥匙。尤其是通过玻尔（Niels Bohr，1885—1962）的原子理论，h值成为现代物理学的必要组成部分。1923年，法国物理学家德布罗意（Louis Victor de Broglie，1892—1987）把爱因斯坦的光量子理论推广到一切粒子，提出了物质的波粒二象性，量子理论取得了重大突破。1925年，海森伯（Werner Heisenberg，1901—1976）、玻恩（Max Born，1882—1970）和约尔旦（Ernst Jordan，1902—1980）等人提出了矩阵力学。1926年，薛定谔（Erwin Schrödinger，1887—1961）在德布罗意发现的基础上建立了波动力学，并在此后不久证明了矩阵力学与波动力学的等值性。量子力学最终对h值和普朗克关系式提供了解释。

普朗克的量子假说颠覆了传统的热辐射中能量连续分布的观点，动摇了经典物理学的大厦，为微观世界的研究打开了一扇新的窗口，物理学天空上的一朵乌云被成功驱散了。

2. 相对论

第二朵乌云与光的电磁理论有关。19世纪下半叶，人们普遍认为光是一种电磁波，它的传播介质是以太（Aether），但以太的物质属性让人困惑。按照经典物理学观点，介质所传递的波的速度与介质的硬度有关，波速越高，硬度应该越大。电磁波的速度是人类已知的最高速度，因此，以太应该坚硬无比。但天文观测从来没有发现过这种坚硬的物质。关于以太的另一个烦恼是相对运动。地球以每秒30千米的速度绕太阳运动，就必然会遇到每秒30千米的以太风迎面吹来，同时，它也必然对光的传播产生影响。于是有些科学家开始探讨以太风存在与否。两位美国科学家迈克尔逊（Albert Abrahan Michelson，

1852—1931）和莫雷（Edward Williams Morley，1838—1923）于1887年进行了相关实验。实验结果表明，不论地球运动的方向同光的射向是否一致，测出的光速都相同，地球与以太之间没有相对运动。

尽管如此，当时的科学界还普遍认为以太是存在的。为了保留以太理论，克服迈克尔逊和莫雷实验暴露出的问题，爱尔兰物理学家菲茨杰拉德（George Fitzgerald，1851—1901）和荷兰物理学家洛伦兹（Hendrik Lorentz，1853—1928）等人决定放弃相对性原理。在他们看来，相对于绝对空间静止的惯性系比其他惯性系优越。他们提出一个新效应：相对于绝对空间（以太相对于绝对空间静止）运动的钢尺会在运动方向上产生收缩，即所谓洛伦兹—菲茨杰拉德收缩（Lorentz–Fitzgerald Contraction）。这种收缩是物理的，因而会引起收缩物体内部结构和物理性质的变化。洛伦兹等人又进一步推导出运动惯性系相对于静止惯性系的坐标变换——洛伦兹变换（Lorentz Transformation）。利用洛伦兹变换可以推导出运动钢尺的洛伦兹—菲茨杰拉德收缩，并克服迈克尔逊和莫雷实验造成的困难，代价是抛弃了相对性原理。

1921年时的爱因斯坦

1905年，爱因斯坦在德国《物理学纪事》（*Annalen der Physik*）上发表论文《论运动物体的电动力学》（*Zur Elektrodynamik bewegter Körper*），抛弃以太理论和牛顿的绝对时空观，提出了狭义相对论。狭义相对论认为空间和时间都不是绝对的，人们对时间和空间的描述都与人的观察有关。时间和空间也不是毫无联系的，都与物质的运动有关。在狭义相对论中，整个时空仍然是平直的、各向同性的和各点同性的。结合狭义相对性原理和上述时空的性质，也可以推导出洛伦兹变换。在真空中光速是物质和信息传递的最快速度，并且它是恒定不变的，而以太则是一个不必要的概念。狭义相对论的诞生是20世纪物理学对人类思想产生巨大冲击的开始。

狭义相对论颠覆了传统的时空观，牛顿力学成为狭义相对论在光速较低情况下的特例。狭义相对论的一个直接推论——质能相当性解决了放射性元素的能量来源问题，预示了原子能时代的到来。1915年，爱因斯坦把相对性原理进一步推广到非惯性系，提出了广义相对论。广义相对论是狭义相对论在加速运动体系的一个有效扩展。根据等效原理，可以预言，引力场中的空间要发生弯曲，时钟要变慢。爱因斯坦提出了对任何坐标变换都协变的引力方程，把几何学与物理学统一起来，用空间的几何结构来解释引力场，非欧几何获得了实际的物理意义。

在爱因斯坦提出广义相对论几年之后，日食为我们比较牛顿学说和爱因斯坦理论的数值提供了一次机会。1919年，在英国著名天体物理学家爱丁顿（Arthur Eddington，1882—1944）的鼓励下，两个探险队出发了，一个去巴西，一个去远离西非海岸的普林西比岛测量恒星光被太阳引力场弯曲的程度。结果，日全食的照片证明了引力会使光线弯曲的理论，英国皇家学会随即宣布了观测结果。几乎一夜之间，爱因斯坦成了世界名人。1919年11月7日，《伦敦泰晤士报》（*London Times*）写道：这是科学的革命，是宇宙新学说，是对牛顿学说的颠覆。两天后，《纽约时报》（*New York Times*）也对此做了相应报道。（西蒙斯，2007）[13]到1929年时，全世界公认爱因斯坦是

第二个牛顿，大多数科学家对他心怀敬畏，大部分公众则近乎神秘地崇拜他。（斯特恩，2004）[54-55]

爱因斯坦引领了20世纪物理学革命。时至今日，他的相对论仍然是一个充满生命力的、不断发展的理论。相对论不仅展示了膨胀宇宙学和黑洞等，而且揭示出一系列有待解决的问题：引力场的量子化、引力波以及奇性定理对“时间有开始和结束”的预言等。毫无疑问，它们将引导21世纪的物理学家去探索时空的奥秘，推动相对论乃至整个物理学的研究与发展。相对论和量子力学不仅是物理学的突破，也是人类思想的巨大飞跃，人类对宇宙和自然的基本看法都发生了深刻的改变。量子力学把统计性的规律引入物理学，给人们提供一种新的关于自然界的认识方式，测不准原理、波粒二象性及互补原理等都与传统的思维模式格格不入，甚至科学规律也不再是不变的真理，而是人类对自然的一种描述方式。狭义相对论打破了牛顿物理学的绝对时空观，证明时间和空间是相对且统一的。广义相对论是人类理性的产物，与量子力学和狭义相对论不同，它完全走在了实验的前面。广义相对论能揭开20世纪出现的宇宙哲学的全部奥秘：从对表明宇宙无限的“红移”的解释，到黑洞概念的形成。它表明人类理性所能达到的深度。

量子力学和相对论为此后的科学和技术的发展提供了一个新的基础。晶体管、电子显微镜和计算机的发明仅仅是爱因斯坦给信息和通讯领域带来巨大影响的几个例子而已。以GPS为例，GPS卫星上的时钟要根据狭义和广义相对论分别做出每天慢7.2微秒和快45.9微秒（叠加后快38.7微秒）的调整，否则会造成每天大于10千米的定位偏差。其实，狭义相对论已用到了电视中。因为运动的电子质量要增加，如果没有狭义相对论，我们就不知道对这一效应进行修正，电子在屏幕上的位置就会产生毫米级的偏移，我们也就看不到清晰的图像。相对论在电子显微镜、粒子加速器、电子离子页、激光、微波、等离子体中也得到了实际应用。

五、国家现代化的完成

从英国开始的工业化进程于19世纪30年代登陆德国，德国经济学家李斯特在1840年撰写《政治经济学的国民体系》（*Das Nationale System der Politischen Ökonomie*）时，对德国能否成功超越英国还持怀疑态度。因为英国在技术、生产率、出口、投资和财富等方面拥有压倒性的优势，德国不仅整体上落后于英国，而且还存在着各地区尚未统一的问题。（弗里曼 等，2007）[255]事实证明，李斯特显得保守了。因为在接下来并不长的时间里，德国从一群由无足轻重的王室成员统治下的邦转变为欧洲最强大的国家，“德国问题”成为1890年以后半个多世纪里世界事务的中心。（肯尼迪，2006）[204]

1871年，德国统一时，国内农村人口占总人口的63.9%，而到1910年时，德国城市人口已占总人口的60.1%，达到这个城市化水平，德国比英国晚了约50年，但比美国早了约40年。1913年，德国已经成为世界上最大的化学制品和电器设备及其他工业机械的出口国。（钱德勒，2006a）[477]

1. 专利保护

由于各种实用技术的不断发明，专利技术保护问题显得日益重要，促使相关法律出台的压力也越来越大。虽然自19世纪50年代以来，德国工程师联合会就一直为专利保护进行斗争，但德国各邦政府一直对此持消极态度。1874年，在西门子的推动下，德国专利保护联合会成立了，专门进行保护专利的宣传活动。1879年，德意志帝国议会通过一项专利法。1895年，在德国化学工业界的强力推动下，德意志帝国议会又通过了一部新的帝国专利法，以便对德国人发明的各项技术进行专利保护。德国政府授予的专利数量也迅速增加，据统计，1850年，德国的专利授予数量为243项，1860年为310项，1870年为4132项，1880年为3887项，1890年为4680项，1900年为8784项，1910年则达到12100项。德国政府专利保护力度的加强和授予专利数量的增加从一个侧面说明，德国的实用科学技术创造已经走在了世界前列。（邢来顺，2003）[74]

2. 具有企业家精神的科学家群体的兴起

虽然在商业上取得了巨大成功，但西门子更愿意被看作一名科学家或发明家。（Feldenkirchen，1994）[8]他曾表示：“就个人的兴趣和天赋而言，我对科学的喜爱甚于技术。科学研究是我年轻时的初恋情人，我年老时还这样看待。”西门子坚信，技术和工业来源于科学，至少可以这样说，通过科学，技术和工业得到实质性的提升。（König，2004）[262]西门子经常在《丁格勒技术期刊》（*Dinglers Polytechnisches Journal*）和《物理学纪事》及柏林科学院报告上发表他对电报和电缆技术的研究成果。西门子对海底电报线的研究使他成为英国政府海底电报事业的科学顾问。他参与设计的首艘特殊海底电缆铺设船——“法拉第”号（Faraday），在十年内共在大西洋两岸间铺设了5条电缆线。

在国家间竞争空前激烈的时代，西门子认为科技是强国之本。他向普鲁士政府进言：如果一个国家基于科学与技术的研究不成功，那么它就很难获得或保持它的国际地位。（Gillispie，1975）[425]1887年，西门子出资建立了帝国物理技术研究所，他一方面想建立一个纯粹进行研究的机构，另一方面也想让这样的机构满足技术上短期和长期的需要。（方在庆，2006）[38]总之，帝国物理技术研究所的目标是代表纯粹科学研究和工业技术方面的最高水平。这个研究所曾进行过一系列重要实验，如最终导致量子物理学的黑体辐射实验；为基于科学的工业制订了电气标准；对科学仪器、测量装置和材料进行检测和证明。（Pfetsch，1974）帝国物理技术研究所站在19世纪末20世纪初科学技术制度创新的最前沿，它用实力向世人证明，物理学和工业技术能帮助建立一个现代社会和一个现代的民族国家。

经济史学家，尤其是英国经济史学家普遍认为，在工业革命第一阶段，技术变革与科学没有多少联系，科学对技术的改进是微不足道的，工业革命所有重大技术成就都是因需求而引起的，而且是由各相关领域的实践者发现的。然而也有一些专家对此说法提出异议。但在德国却没有发生类似的争论，因为德国人普遍认为科学理所当然是重要的。当时有些最著名的科学家、化学家，有时还有数学家将他们大部分精力用于解决实际问题。（贝拉尼克 等，1988）[83-84]西门子的全部发明都是基于对科学理论的深思熟虑。西门子公司所出售的世界上最优秀的工业品，都是“科学—技术—经济”相互结合的产物。正是这种西门子式的风格使得德国科技在近代获得了迅速的发展，西门子因而也被称为德国科技之父。（戴继强 等，2004）[24]

同时代的克虏伯父子、蔡司（Carl Zeiss，1816—1888）等人，都是集“科学家—工程师—商人”三种身份于一身。这与17世纪的莱布尼茨、笛卡儿等人的“科学家—数学家—哲学家”大异其趣。科学和技术如果不与生产紧密结合是不可能取得辉煌成绩的。

此外，成立于1856年的德国工程师学会（Verein Deutsher Ingenieure，VDI）明确将体力工人和手工艺工人排除在外，这些人在美国和英国通常被称为“工程师”。德国工程师学会更看重理论背景和实践知识，这成为德国工程专业的一个显著特征。在德国，高素质的专业工程师和化工业的化学家逐渐成为管理文化的主流，他们长期影响着生产的发展和投资战略，使得“通过技术实现进步”（Fortschritt durch Technik）成为德国主导工业部门的一种真实现象。（弗里曼 等，2007）[253–258]

在19世纪最后二十五年中，欧洲的技术创新中心转移到德国，英国的技术落后于德国，特别是在电子工程、有机化学、光学以及汽车工业等新兴工业领域。德国经济的迅猛发展主要依赖科学技术。1850至1913年，德国经济平均年增长率为2.6%，其中“技术进步”所做出的贡献占42%。如果没有科学技术的作用，那么德国经济年平均增长率仅为1.5%。（贝拉尼克 等，1988）[114]

电气工业与科学的联系，无论与纺织业相比，还是与蒸汽机制造业相比，都更为直接。重型电气工程技术与化学的结合，最明显地体现在德国工业中。在这两个领域中，科学研究开始与工业的发展直接、密切地联系在一起。在19世纪八九十年代，大量新老产品遇到了产能过剩的问题，这时，工程师和化学家在大规模工艺设计方面的合作成为德国工业的特点。这种合作在持续到一战的“哈伯—博施法”合成氨的工艺中达到顶峰。电气技术不仅在氯和电解产品的生产中，而且在其他许多工艺中，对德国工业的超常迅猛成长都起着核心作用。（弗里曼 等，2007）[231]

在工业化初期，德国经济主要依靠修建铁路和机械制造业的大发展来带动。而从19世纪下半叶开始的第二次工业化阶段除了化学工业的崛起外，主要的特点便是使用电力。尽管和“老”工业相比，电子技术和化学这些“新”工业的产值和就业人数还显得很少，但这些领域超常的增长速度和增长潜力意味着它们在未来有不可小觑的作用。

而这些领域的发展主要是由科学技术的进步决定的。电力是相对来说最经济实惠的动力，到一战爆发时，电力已经得到了广泛应用，而且不断有新的应用领域被开发出来。1913年，德国电子工业的销售额占到了世界电子工业的1/3。此时的西门子公司成为世界最大的跨国电子集团，其产品涵盖了电子技术的整个领域。（费尔顿克辛，2004）[4]

电能具有灵活的特性，可以通过电线到达任何地方。人们可以通过锅炉将热能转换为电能，或是通过水的下落将动能转化为电能，然后再通过用户的电动机将电能转化为机械能。作为一种光源、热源和信息交流媒介，以及作为一种化学工艺制剂，电能已经改变了工业实践。但是电能最重要的是将能源置于工人的控制之下，无论这种能源是大规模的还是少量的，工人都可以方便操作。（弗里曼 等，2007）[231]发电机和电动机的使用使原先只有较大型企业才能利用的机械动力逐渐进入小型企业，以小企业为主的莱茵—威斯特法伦地区木匠联合会在1913年的一份报告中指出：如今，甚至只有4个帮工的小手工企业也可以使用机器工具，这得感谢“电气”。（邢来顺，2001）

在动力方面，汽油发动机曾在19世纪末短期内处于优势地位，但到了20世纪，除了巨型机器以外，电力完全取代了汽油和蒸汽。虽然大多数新型电动机没有直接取代蒸汽机和汽油机，但是仅就安装新设备的小企业而言，它们能够负担得起这种低廉且灵活的能源，从而有助于实现机械化。电气化是一场电气机械化革命，但它并不意味着机械技术的消失：它仍旧极其重要，只是以新的方式体现出来。机械制造业没有被摧毁，而是被改变了。（弗里曼 等，2007）[232]

与此相关的是，到一战前，占德国申请专利比重最大的不是一般被认为最富于创新性的两个部门——化学与电气工业，而是金属加工

工业，主要是机械制造业。（贝拉尼克 等，1988）[113]

3. 运输革命

德国是一个典型的后发国家，当英法等国的产业革命进行得如火如荼的时候，德国还在为统一而绞尽脑汁。德国的工业化起步要从铁路建设说起，因为首先把德国从经济停滞中拉起来的，就是铁路。（克拉潘，1965）[176]铁路建设对德国的工业发展强大起到了决定性作用。从以纺织业为中心的轻工业迅速转向以铁路建设为中心的重工业，通过铁路建设来带动其他工业部门的发展，可以说是德国后来居上的一个极为重要的原因。（邢来顺，1999）[86]

德国地势崎岖，幅员辽阔，海运和河运也不发达，迅速扩张的铁路网为德国初始工业化及维持国家工业增长提供了必要条件。曾有专家认为“不考虑铁路的革新，就不可能解释工业革命”。

1835年，德国第一条铁路在巴伐利亚投入使用，此后，德国各邦都竞相发展铁路事业。铁路建设对钢铁有巨大需求，带动了煤炭、钢铁等重工业的发展。1850年至1870年的20年间，德国的煤炭年产量从670万吨猛增至3400万吨，生铁产量由21万吨增加到了139万吨。（邢来顺，1999）[88]

铁路的建设还带动了德国机械制造业的发展，建设第一条铁路时，德国主要从外国购买机车，1843年，在普鲁士铁路上运行的机车90%是英国制造的，其余除一台之外都是比利时的。而仅仅过了10年，情况就有了显著变化，1853年，普鲁士铁路上行驶的729辆机车中，近70%是国产的，其中54%是由博尔西希工厂（Borsigwerke）生产的。与此同时，铁轨的制造也呈现类似变化，1844年，德国89%的铁轨是由英国和比利时生产的。从19世纪50年代开始，德国生产的铁轨开始逐步取代外国铁轨，而到19世纪50年代末，德国铁轨实现出超。（贝拉尼克 等，1988）[93-94]1861年，德国的机械制造厂家已增加到了300家，雇用了近9.8万名工人，还出现了一批像克虏伯公司一样的大企业。机械制造业的建立标志着德国第一次工业革命已经接近尾声。（邢来顺，1999）[88]

遍布全国的铁路网将铁矿和煤炭这两种最重要的"工业粮食"紧紧结合起来，德意志"铁血"时代随之来临。1866年，普鲁士取代奥地利成为讲德语民族的领导者，四年之后，俾斯麦发动了普法战争。普鲁士军队依靠武器上的技术优势取得了军事上的胜利。普法战争是19世纪后半叶最具世界意义的事件，它不仅宣告德意志第二帝国的建立，而且为德国经济发展提供了统一的市场。50亿法郎的战争赔款在德国掀起了一股创办企业的热潮。新的企业，尤其是西部的钢铁、煤炭等企业如雨后春笋般涌现。（邢来顺，1998）托马斯炼钢法的发明及高效利用使洛林和卢森堡的铁矿石生产钢成为可能，一个强大的充满活力的德国很快就动摇了英国早期的钢铁霸主地位。

第三章 “科学—产业—政府综合体”与德国工业化

第34任美国总统艾森豪威尔（Dwight D. Eisenhower，1890—1969）在1961年的告别讲话中提出了“军事工业综合体”（Military-Industrial Complex）的概念。他警告说，在国防和战争方面巨大而持续的支出，催生了可能对国家未来造成灾难性伤害的权力团体。二战结束后，冷战兴起，其间的军事和相关预算达到国民生产总值的10%。即使在21世纪，军事预算仍是一项非常昂贵的支出。这些权力团体为了达到自己的目的，完全不顾国家和民族的命运。德国在二战前的情况，与艾森豪威尔总统所说的很相似。克虏伯公司、法本公司，甚至大众汽车公司都依靠战争而壮大起来。这是与军事相关的一面。另一方面，在德国的工业化过程中，政府、学界和产业界相互协调，产生了一种综合效应，我们这里称之为“科学—产业—政府综合体”（Science-Industry-Government Complex），类似于日本的“产官学结合”（Combination of Industry, Official and University），但两者有本质的不同。简而言之，前者的效应是自发形成的，而后者有很大的实用主义成分。我们认为，“科学—产业—政府综合体”的形成与德国的迅速工业化有着非常密切的关系。

第一节　技术进步与现代工业发展

自德国1871年统一后，只用了30多年的时间，就从一个落后的农业国一跃而成了一个发达的工业国。在经济上，它赶上并超过老牌资本主义国家法国和英国；到20世纪初，成为仅次于美国的世界第二强国。德国经济得到如此迅速发展的原因，除了持续不断的改革和国家的统一外，就是充分利用科学技术的最新成果。德国的崛起，与第二次工业革命密切相关，正是科学的发展推动了技术的进步。德国学界、产业界和政府充分利用第二次工业革命提供的新成果，充分发挥聪明才智，在钢铁、橡胶、电气、汽车等诸多领域做出了杰出的贡献。一大批既有理论修养、又有创造精神的企业家的出现，点亮了德国发明家的灿烂星空，其中，克虏伯、西门子、狄塞尔等人是其中的佼佼者。

一、克虏伯与军事工业

德国军事工业的发展，离不开克虏伯。克虏伯家族在政府的支持下成立新公司和工厂，引入工艺先进的贝塞麦转炉炼钢法，生产出优质的“克虏伯钢”，为德国工业化进程提供了有力支持。

1. 钢铁技术的发展

19世纪上半叶，欧洲熟铁和铸铁得到广泛应用，产量也有较大幅度增长，但钢的产量却非常低。世界上最大的钢铁生产国——英国在1850年前后铁的产量约为250万吨，而钢的产量却不到6万吨。当时炼钢的方法主要有渗碳法、坩埚法和搅拌法。尽管人们对炼钢工艺进行了许多改进，但是炼钢过程仍然费时费力且质量难以控制。因此，钢一直非常短缺，价格昂贵。1860年，德国铁产量为52.9万吨，而英国为388.8万吨，法国为89.8万吨。（克拉潘，1965）[320]虽然鲁尔煤田可以为德国钢铁工业提供最好的焦炭，但它却无法克服一个先天障碍，那就是德国铁矿石含磷太高，按照当时的技术很难炼成优质钢铁。直到1870年前后，钢在德国所产成品铁总量中所占的比重仍然不足15%。（波斯坦 等，2002）[424]

1856年，英国工程师贝塞麦（Henry Bessemer，1813—1898）发明了一种效率高、成本低的炼钢方法——转炉炼钢法。这种工艺与在容器内加热的传统方法不同，它将熔化的生铁放入转炉内，再吹进高压空气，使生铁中所含的硅、锰和碳等杂质燃烧掉，从而炼出钢来。利用这种方法只需花10分钟便可把10吨铁水炼成钢，若是用搅拌法则需几天时间。（中山秀太郎，1985）贝塞麦法使炼钢成本大为降低，钢的价格是每吨7英镑（包括1英镑左右的专利费），熟铁的价格是每吨4英镑。（波斯坦 等，2002）[458]尽管如此，贝塞麦法的发展很缓慢，出现10年之后，搅拌法仍然居于主导地位。这主要是由于贝塞麦法自身的技术缺陷造成的，它使用的炉衬是用酸性耐火材料制成的，在酸性转炉环境中，磷很难被氧化除掉，而磷会使钢发脆。所以，贝塞麦法在欧洲只适用于拥有大量低磷铁矿石的瑞典和奥地利等国，而对德国、法国和比利时等国来说并不适用。1862年，克虏伯公司在埃森（Essen）的一座贝塞麦转炉投产运行，但这种方法在德国并没有大面积推广。

在贝塞麦公布转炉炼钢法的同一年，维尔纳·冯·西门子（Ernst Werner von Siemens，1816—1892）的弟弟，已移居英国的弗里德里希·西门子（Friedrich Siemens，1826—1904）为他的蓄热新发明在英国申请了一项专利。蓄热原理（Regenerative Principle）是弗里德里希·西门子和他的另一位哥哥威廉·西门子（Wilhelm Siemens，1823—1883）发明的平炉炼钢法的重要特征。平炉炼钢法与转炉炼钢法在热源方面有很大的不同：在转炉中，炼钢过程本身所产生的热量为其提供了必要的工作温度；而在平炉中，熔化炉料所需的热则来自冶炼过程之外。1861年，西门子兄弟对该工艺进行了重要创新升级，他们发明了一种与炼钢炉完全分离的煤气发生器，从而把固体燃料转换成煤气。使用煤气后，炼钢就可以使用低质煤了。1864年，法国工程师马丁（Pierre-Émile Martin，1824—1915）在西门子平炉炼钢法的基础上，通过往铁水池内添加废钢的方法来降低碳含量，成功炼出了优质钢。1866年，马丁与西门子公司签订了一项协议，为此后得到广泛应用的西门子—马丁炼钢法奠定了基础。

由于能够使用废钢和廉价的低质煤，并且金属在整个冶炼过程中一直处于熔融状态，西门子—马丁炼钢法取得了巨大成功。1900年以后，西门子—马丁炼钢法在生产中的应用已大大超过了贝塞麦炼钢法。（辛格 等，2004）[43]虽然西门子—马丁炼钢法能够更高效、更低廉地冶炼钢铁，但它未能真正解决炼钢中的去磷难题。

由于拥有充足的低磷铁矿石供应，英国在钢时代的早期处于支配地位。到19世纪70年代末期，英国占使用贝塞麦炼钢法和西门子—马丁炼钢法所产钢总量的一半以上。而德国钢铁业却在19世纪70年代出现了萧条局面，钢铁产量连续5年出现赤字，铁产量与此前的最高水平相比下降了19%。这种情况的出现主要是由于原材料的缺乏，鲁尔地区的钢铁厂不仅无法大规模采用炼钢最新技术，而且他们还被迫在地中海地区以及西班牙北部地区与英国生产商争夺原材料。（波斯坦等，2002）[484–485]这种困境因托马斯炼钢法的出现才得以扭转。

1875年，英国业余化学家托马斯（Sidney Thomas，1850—1885）和他的堂弟吉尔克里斯特（Percy Gilchrist，1851—1935）发明了碱性转炉炼钢法，即采用白云石高温烧成的熟料，混合焦油做成碱性的耐火砖炉衬，冶炼过程中吹入空气并加入生石灰。这样便使整个反应在碱性高温条件下进行，被氧化的磷与石灰结合起来，残留于渣内而不返回钢内。托马斯炼钢法有效地解决了炼钢除磷问题，含磷的铁矿石终于能够炼出优质钢材。当托马斯向英国钢铁协会（British Iron and Steel Institute）报告他的新发明时，他被否定了。这种结果并不让人惊讶，因为英国拥有充足的无磷铁矿石来源。"墙内开花墙外香"，托马斯炼钢法的发明对于拥有磷铁矿的国家来说是个天大的好消息，对德国来说尤其如此。托马斯被各种各样的出价包围了，请求者甚至不让他安稳地吃完早饭。据说德国两家重要的钢铁企业派出的代表争先恐后地赶往托马斯所在地米德尔斯堡（Middlesbrough），结果中途没有停下来睡觉的那个人获得了最终的胜利。这个故事也许是杜撰的，但它却表达了这一技术创新给德国人带来的欣喜之情。（波斯坦 等，2002）[462]

托马斯炼钢法的出现对德国来说是恰逢其时的，因为德国于1871年从法国兼并来的洛林地区（Lothringen）拥有世界上最重要的磷铁矿，借助托马斯炼钢法，德国能够大量生产低廉的钢铁。此后不久，德国便成为托马斯炼钢法技术改进和商业化运作的领导者。德国钢铁企业很快便认识到用托马斯炼钢法生产的钢材不仅便宜，而且与贝塞麦炼钢法生产的钢材相比具有更理想的延展性，非常适合拉丝。托马斯炼钢法普及后，欧洲钢铁竞争态势发生了巨变，托马斯给英国钢铁霸权致命一击。（Burn，1961）

除了托马斯炼钢法，德国钢铁工业能够实现跨越式发展的另一个重要因素是采矿技术的普遍提高。为适应更大规模开采的需要，克服复杂的地质构造，各种新技术应运而生。快速钻机加快了煤炭的采掘速度，凝固工艺的运用克服了某些恶劣的地质条件，使可开采煤矿区得到扩大。新的电气化技术，如电力矿用铁路、电动泵、电动通风机也在煤炭开采业中得到普遍使用。采煤工具中也出现了开采锤、簸动输送机等各种新设备。所有这些新技术和新机器的使用都大大改善了采煤业的生产环境，提高了采煤效率。正因为如此，尽管随着煤炭开采业的扩大，相关的地质条件越来越复杂，难度越来越大，德国采煤业的规模却不断扩大，产量迅速上升。（邢来顺，2003）[74]

新炼钢法的发明和新的采矿技术的应用成为德国钢铁工业腾飞的“翅膀”，虽然当时各国经济陷入萎靡，但德国的钢铁工业却是欧洲重要国家中唯一能够获得快速发展的例外。1894年，当对洛林地区的开采权期满时，德国的钢铁产量已超过了英国。（辛格 等，2004）[558]

1900年，德国的钢产量达到800万吨，而1850年时，仅为1.2万吨。1913年，德国的生铁、钢和钢制品的出口总值超过1亿英镑。德国在汉堡和不来梅等沿海地区建立了大规模的造船工业。1871年，当德国首次组建商船队时，汽船总吨位还不到10万吨，并且这些汽船大部分都不是国产的，也不是金属制造的。此后，德国通过购买和精巧地仿制逐步实现汽船国产化。1890年，德国汽船吨位达到72万吨，

1910年时达到240万吨，并且全为钢制。（克拉潘，1965）[322]

2. 克虏伯与军事工业

当时德国工业发展的最大成果是以规模宏大的克虏伯工厂和造船厂为代表的军事工业的进步。（辛格 等，2004）[567]作为德国历史上最著名的军火及钢铁制造商，克虏伯家族的发迹要追溯到19世纪初期。1812年，弗里德里希·克虏伯（Friedrich Carl Krupp，1787—1826）在埃森创建了一家小型钢铁厂，但他似乎对冶炼钢铁没有足够的兴趣，而将大部分的时间和金钱用在了水车动力装置上，直到1816年，才成功炼成第一炉钢铁。

1826年，弗里德里希去世，把这家仅有5名工人的钢铁厂留给了长子阿尔弗雷德·克虏伯（Alfried Krupp，1812—1887），而这正是克虏伯公司辉煌的开端。阿尔弗雷德投巨资发展铁轨和机车技术，不久便成为该领域的知名供应商。为保证钢铁生产所需的原料供应，克虏伯公司在德国和法国收购了大量煤矿和铁矿。从19世纪60年代起，克虏伯公司开始为普鲁士军队大规模供应大炮，它的客户还包括俄国和土耳其。

阿尔弗雷德·克虏伯

1851年，克虏伯公司在伦敦第一届世界博览会上展示了一门2.7千克的全铸钢大炮，以及一门重达907千克的全锭钢大炮，该重量是当时一般大炮的两倍，这门超级大炮立刻引起了轰动。1851年，克虏伯公司发明了铁路钢轨，公司收入随之大增。此后，阿尔弗雷德决定将公司的一部分收入用于工厂扩建，另一部分投向他梦寐已久的后镗大炮的研发与生产，因为他深信后装式大炮比前装式更优越。普鲁士一系列对外战争尤其是1870年的普法战争为克虏伯公司展示新式大炮提供了绝佳机会，先进的克虏伯钢炮帮助普鲁士军队取得了胜利，也为阿尔弗雷德赢得了“大炮之王”的美誉。当1887年阿尔弗雷德去世时，克虏伯公司已经成为拥有2万名员工的大公司，如果算上埃森以外工厂的相关人员，则达到7.5万人。克虏伯公司成为德国乃至世界上最大的私人企业，而此时克虏伯公司的军火销售收入也已经占到总收入的50%左右。

阿尔弗雷德去世后，他的儿子弗里茨·克虏伯（Fritz Krupp，1854—1902）接管了整个企业并进一步扩大其规模，弗里茨还与德皇威廉二世（Kaiser Wilhelm II，1859—1941）建立了良好的关系。克虏伯公司相继投产一些足以改变历史的发明，如马克沁（Hiram Maxim，1840—1916）发明的机关枪以及狄塞尔（Rudolf Diesel，1858—1913）发明的柴油内燃机。克虏伯公司甚至开始为德国海军生产舰艇。

弗里茨注重开拓国际业务，清政府是这一时期克虏伯公司最重要的主顾之一。据统计，从1885到1892年，清政府共从克虏伯公司购进大炮432门、舰用炮20门、鱼雷炮9门、鱼雷30枚。（周建明，2007）清政府新建的陆军、海军、海防炮台和新式兵轮等都以克虏伯大炮为重要的武器装备。此外，中国各地的兵工厂也努力仿制克虏伯大炮，还专门翻译了一批军事科学技术书籍。克虏伯公司则曾派遣科技人员到中国传授技术，清政府也曾选派工程技术人员和留学生赴克虏伯公司学习。1901年后，清政府新军的炮队编制皆仿德国，用炮皆为克虏伯公司的过山炮和野战炮。（乔伟 等，1997）

弗里茨在1902年去世，其女贝塔·克虏伯（Bertha Krupp，1886—1957）继承了整个家族产业。此时克虏伯公司的经营范围包括西班牙的铁矿、德国的煤矿、埃森的钢厂和军工厂以及基尔的造船厂。（弗

里曼 等，2007）[248]让一个女人掌控如此庞大的企业是既困难又危险的，所以威廉二世于1906年促成了贝塔与职业外交家哈巴赫（Gustav Krupp von Bohlen and Halbach，1870—1950）的婚事，后者获得克虏伯家族的姓氏及企业的掌控权。一战爆发后，克虏伯公司当仁不让地成为德国的兵工厂。1914年，克虏伯公司制造出当时世界上最大的陆战炮，炮弹口径达420毫米，高2米的巨炮“大贝塔”（Dicke Bertha）。1917年，克虏伯公司制造了更加恐怖的超级巨炮——“威廉皇帝大炮”（Kaiser Geschütz），该炮达256吨，由铁路运输，口径虽然只有211/238毫米，但身管却长达34米。“威廉皇帝大炮”的炮弹重106千克，射程可达130千米，这一纪录直到1942年11月“V-2”试射后才被打破。这种大炮由于在攻击巴黎时出尽风头，所以又被称为“巴黎大炮”（Paris Guns）。一战结束后，克虏伯公司宣布放弃军火生产，转向民用领域，他们的口号是“我们生产一切”（Wir machen alles!）。

魏玛共和国时期，克虏伯公司开始秘密恢复军火生产。20世纪30年代，克虏伯公司受命制造两门轨道重炮——古斯塔夫重炮和朵拉重炮，纳粹军方准备用它们击毁法国马其诺防线。这种巨炮拥有强大的破坏力，它的重量为1344吨，口径达800毫米，可将7吨的炮弹投射到37千米以外的目标。（Sweeting，2004）在德军备战时期，克虏伯公司扮演着第三帝国军械师的角色，它为德军提供大炮、装甲车、坦克、潜艇。到1943年，克虏伯公司直接或间接雇用的人员已达20万。希特勒曾在希特勒青年团（Hitler-Jugend）演讲时说：“在我们眼中，德国未来的少年应该苗条、修长，像灰狗一样敏捷，像皮革一样柔韧，像克虏伯钢铁一样坚硬。”

二、西门子与电气工业

1. 西门子公司技术创新

西门子是德国标志性的发明家和企业家，早年曾加入柏林大学物理学教授马格努斯（Gustav Magnus，1802—1870）组织的学术圈子，与亥姆霍兹、迪布瓦·雷蒙（Emil Du Bois-Reymond，1818—1896）和克劳修斯等当时著名的物理学家探讨学术问题。

维尔纳·冯·西门子

1847年，西门子和机械工程师哈尔斯克（Johann Halske，1814—1890）在柏林创办了西门子—哈尔斯克电报机制造公司（Telegraphen-Bauanstalt von Siemens & Halske），主要生产指南针式电报机，以及铁路的电力机械信号钟、橡胶绝缘电缆和水表等。1848年，西门子公司赢得了在德国北部建造电报网络的政府项目。1849年3月28日，法兰克福国民议会（Frankfurter Nationalversammlung）在保罗教堂宣布普鲁士国王威廉四世（Friedrich Wilhelm IV，1795—1861）成为王位继承人，选举结果在一个小时之内通过电报线传往柏林，这为西门子公司赢得了很高的声誉。（费尔顿克辛，2004）[11]19世纪50年代，西门子公司加快了国际化步伐，开始在英国、波兰和俄国经营电报业务。1870年，对西门子公司来说是值得骄傲的一年，经过三年的施工，伦敦到加尔各答的印度—欧洲电报系统终于投入运营，这条长达11000千米的电报线大大提高了西门子公司的国际知名度。

除电报机及电缆产品外，西门子公司还从事应用电力和电子医疗器械的研发。西门子最先意识到将电枢线圈置于高强度磁场的优越性，他用H形电枢（两极梭形电枢）实现了这一点。1856年，H形电枢作为手摇永磁发电机的一项特点被包含在一种多用电报机的技术说明书中。1867年，西门子依据自激原理成功研制出世界上第一台自激式发电机，他随后在德国和英国申请了专利并在巴黎世界博览会上展出该产品。虽然同时代其他科学家也获得了类似发现，但是只有西门子预见到了强电作为新动力的巨大潜力。1866年12月4日，他在给英国的弟弟威廉·西门子的信中这样写道："如果设计正确，效果将是巨大的。这项发现具有很大的发展空间并能开拓出电磁技术的新时代，磁电将因此变得很便宜。这样，电灯、电镀金属，还有将获得巨大能量的小型电磁机器将成为现实并为人们所利用。"1867年1月17日，西门子在柏林科学院所做的关于使用非恒久磁力把力转化为电流的报告中预言道："目前技术已经能够以廉价和简单的方法，在只要有机械动力（Mechanical Power）的地方生产出无限强度的电流。这一事实对很多领域都会产生巨大的影响。"（Feldenkirchen，1994）[8]

对发电机的一系列改进使得西门子的预言逐渐变为现实。今天人们普遍承认第一台直流发电机的发明人是比利时的格拉姆（Gramme，Zénobe Théophile，1826—1901）。1870年，格拉姆公布的第一台发电机使用了环形电枢，电枢的芯子是由一个软铁丝线圈构成的。为了减少涡流，绕线圈时用沥青来绝缘，在这样制作的环形芯子上又绕了一系列铜绝缘线圈。格拉姆发电机很受市场欢迎，他的成功引起了西门子公司的注意，但当时他们生产的发电机仍在使用H形电枢。1872年，西门子公司的总设计师阿尔特涅克（Friedrich von Hefner Altneck，1845—1904）发明了鼓形电枢，这种电枢比格拉姆的环形电枢在技术上更优越，并且制造起来也比较简单。

1873年，西门子公司在维也纳的世界博览会上向专业人士展示了一台大型鼓形电枢发电机。1875年，西门子公司将成熟的发电机技术投入大规模生产，这些发电机带有鼓形电枢和由多个部分组成的整流子，最大功率达5000千瓦。1877年，西门子公司销售了91台发电机，

1878年为271台，1879年达到351台。此后西门子发电机的销量持续增长，它的功率也有了较大提升。（费尔顿克辛，2004）[35]西门子发电机用强有力的电磁代替传统的永久磁铁，并用发电机本身产生的一部分电提供给电磁铁，使电磁铁得到一种自馈电流，从而大大加强了电磁铁的磁场，进而提高了发电机的功率。

大功率发电机的出现为电子技术开辟了众多新兴领域：照明技术、电动铁轨技术以及得到广泛应用的电机技术。西门子公司最初将照明技术的重点放在弧光灯而不是白炽灯上。1878年，阿尔特涅克成功研制出自调式差动弧光灯，该灯被证实拥有广阔的商业前景。

1879年，西门子公司差动弧光灯的试安装取得成功。1882年，柏林市政府批准在莱比锡大街（Leipziger Straße）和波茨坦广场（Potsdamer Platz）进行长达数月的差动弧光灯试运行。差动弧光灯的优势十分明显，它明亮、经济，且没有瓦斯灯爆炸的危险。柏林市政府遂决定在柏林市中心逐步引入弧光灯照明。1888年，繁华的菩提树下大街（Unter den Linden）亮起了西门子照明系统的灯光。随后，剧院和火车站等公共设施都安装了西门子的照明系统。

西门子强调将新技术进行商品化生产，因此西门子公司的新产品层出不穷，较有代表性的是有轨电车（1881年）、无轨电车（1882年）、电梯（1880年）、电气火车（1879年）等，甚至目前方兴未艾的电动汽车也是西门子公司在1898年发明的。值得一提的是，伦琴（Wilhelm Röntgen，1845—1923）正是利用西门子公司生产的真空管发现了X射线。到1889年西门子退休时，他的公司已经是一家拥有5000名员工，在伦敦、圣彼得堡和维也纳设有分公司的全球电气工业的领导者之一。

说到西门子公司就不得不提拉特瑙（Emil Rathenau，1838—

1915）创立的通用电气公司（Allgemeine Elektricitäts-Gesellschaft，AEG）。与西门子公司把自己的业务局限在弱电技术领域不同，通用电气公司的业务范围极为广泛，且以强电技术为主。一战前夕，通用电气公司无论在公司的规模、销售收入、员工数量等方面都与西门子公司不相上下，它们在德国电气领域拥有绝对统治地位。与西门子公司相比，建立于1883年的通用电气公司的发展显得更快，这与公司的经营理念有关。通用电气公司在融资和业务扩展上更为成功，而西门子公司更为谨慎，带有更多的家族企业特征。

回顾西门子公司的发展，我们可以发现，德国电气工业的起步在很大程度上与西门子公司的发展是同步的。西门子公司成立于德国工业化起步的19世纪中期，当时的环境为西门子公司的发展创造了前提条件，西门子的工作和他公司的活力也深刻地影响了这一时代。20世纪初，在电气的特殊应用领域，如炼钢及其他冶金部门使用电炉、铁路电气化、使用电力驱动农业器械、利用电解方法从空气中获得氮等等，德国同样居于领先地位。德国在电气工业的基础上又很自然地发展起来一个强大的无线电工业，尽管这种发展的主要功绩不能归诸德国。德国各大电气公司是国际权威，具有广泛的外交影响，并得到政府的无限支持。（克拉潘，1965）[345-346]一战前夕，德国电气制造业的规模是英国的2倍，仅以些许差距次于美国。德国电气产品的出口量更是其他国家无法企及的，达到英国的2.5倍，美国的3倍。（波斯坦等，2002）[492]

三、狄塞尔与汽车工业

1. 奥托与四冲程内燃机

作为一种强大的动力机械，蒸汽机出现在18世纪后半叶。此后，随着工业化的不断发展，各国对动力的需求逐步增加，在以前没有使用过蒸汽机的地区和行业中，也出现了蒸汽机；那些急于补充水力供应不足或者想使用更可靠的动力供应代替水力设施的企业，也都采用了蒸汽机。而且蒸汽机在那些已经熟悉了这种动力的企业中的使用更加普及了。一家大型钢铁厂或者机械厂可能会使用十几台不同功率的蒸汽机，以便驱动鼓风机，转动轧铁机，驱动蒸汽锤，为多样化的机床提供动力，提升起重机以及驱动其他超越自然力的机械装置。1850年以后，德国的蒸汽机安装量出现了跳跃式发展：1849年到1861年间增长了5倍，而后在1861年到1878年间增长了7倍。这种高增长与煤铁产量的大幅上升结合在一起，预示了一个新的工业巨人的诞生。（波斯坦 等，2002）[425–427]

但是蒸汽机的缺点也是显而易见的，它的体积庞大，而且必须配有可能随时爆炸的锅炉，锅炉的烟气排放也是让人头疼的问题。因此，在使用蒸汽机的同时，科学家一直在探索更加轻便、安全、可靠的动力装置。1859年，法国工程师勒努瓦（Lenoir，Jean Etienne，1822—1900）制造了一台以煤气和空气混合燃烧的两冲程内燃机。勒努瓦的内燃机被用来为印刷机、抽水机或工作母机提供动力。但由于没有在内燃机的机箱内对空气进行必要的压缩，它的煤气消耗量太大，热效率并不高，长时间运行后它的噪声会很大。（Georgano，1990）[9]虽然勒努瓦的内燃机不具有商业竞争力，但提供了一种设计模式，从那以后许多工程师和科学家都致力于更优越内燃机的开发。最关键的理论贡献是法国人罗夏（Alphonse Beau de Rochas，1815—1893）在1862年做出的，他设计的四冲程汽缸从那时起就成为行业标准。但直到1867年，德国人奥托（Nikolaus August Otto，1832—1891）将这种四冲程汽缸与空气压缩结合起来，生产出第一台煤气内

燃机以前，这一原理并没有得到有效利用。（波斯坦 等，2002）[482]

1864年，奥托与工程师兰根（Carl Langen，1833—1895）在科隆成立了世界上第一家内燃机厂——奥托及伙伴公司（N. A. Otto & Cie）。1867年，在巴黎举办的世界博览会上，奥托展示了四冲程内燃机并获金奖。1869年，奥托将伙伴公司迁往道依茨（Deutz），并于1972年更名为道依茨煤气内燃机厂（Gasmotorenfabrik Deutz）。迈巴赫（August Maybach，1846—1929）和戴姆勒（Gottlieb Daimler，1834—1900）等一批优秀的企业管理人员和工程技术专家的加入使公司实力大增。1876年，道依茨公司正式投产奥托的四冲程内燃机。奥托内燃机具有诸多优点，它的工作效率更高，特别是对间歇性工作或者非满负荷工作来说尤其如此——这种情况在小企业中是很常见的。它更清洁而且易于自动添加燃料，劳动成本因此大大节约。它的燃料（煤气）一般可以作为其他工业生产——比如说炼焦和钢铁冶炼——的副产品而生产出来，其成本远比有意识地从煤炭中蒸馏出来便宜，或者比煤炭本身还要便宜。（波斯坦 等，2002）[482-483]在短短几年内，道依茨公司制造的3.5万台机器便在世界各地的工厂里工作起来。大约从1885年起，奥托内燃机开始占据主导地位。由于它的表现如此优越，以至于在1889年一次国际性展览会上展出的全部53台内燃机当中，除4台外都采用了奥托四冲程循环。（辛格 等，2004）[109]

2. 戴姆勒、本茨与汽油内燃机

当然，奥托内燃机并非完美无瑕，它的可移动性差，往往被束缚在煤气的供应地。对于大多数企业来说，这并不是一个严重问题，但煤气确实不适合用作运输动力燃料。而液体燃料——主要是指石油及其精炼制品——却克服了煤气的弱点。（波斯坦 等，2002）[483]此后，戴姆勒、本茨（Karl Benz，1844—1929）和狄塞尔等人成功地将液体燃料引入内燃机。

戴姆勒于1880年离开道依茨公司，在斯图加特购置了一处地产，将其中一处小花园改造成车间。此后不久，迈巴赫也来到这里，他们着手研究如何更好地驱动奥托内燃机。经过长时间探索，他们将目光投向石油的副产品上，比如润滑油、煤油和当时只能在药店买到的汽油。1885年，他们制造了一台0.246升的卧式汽油内燃机，它的独特之处在于新安装的汽化器可以使汽油与空气混合而成为内燃机燃料。同年稍晚些时候，他们又制造了一台更大的立式汽油内燃机。因为戴姆勒认为它的样子像一台老式摆钟，所以就给它取名为“老爷钟”（Standuhr）。还是在1885年，戴姆勒将一个小尺寸的汽油内燃机创造性地安装到一辆木质自行车上，世界上第一辆摩托车就此问世了。戴姆勒曾驾驶着这辆名为“骑车”（Reitwagen）的摩托车以每小时12千米的速度沿着内卡尔河（Neckar）行驶了3千米。（Georgano，1990）[913]

1886年，戴姆勒和迈巴赫将一台“老爷钟”内燃机安装到一辆马车上，它的速度达到每小时16千米，这是世界上首辆由内燃机驱动的四轮交通工具。1889年，戴姆勒和迈巴赫又制造出一辆汽车，迈巴赫在这辆车上安装了四速齿轮传动装置，从此滑动齿轮系统正式引入到汽车制造中。戴姆勒希望他的内燃机能够发挥更大的作用，为此他先后试着将内燃机安装到船、有轨电车、手推车以及气球上。

1890年，戴姆勒内燃机公司（Daimler Motoren Gesellschaft，DMG）成立，迈巴赫担任总设计师。戴姆勒公司主要为陆地、水上及航空运输提供小型高速内燃机，这一理念也体现在戴姆勒为公司设计的三叉戟标志上。迈巴赫不愧为一位卓越的工程师，他发明了蜂窝式散热器、喷嘴化油器、菲尼克斯（Phoenix）式内燃机、四缸汽车内燃机，并对传动系统进行了改进。1900年，迈巴赫设计了一辆具有里程碑式意义的汽车——梅赛德斯（Mercedes 35 hp），这是第一辆现代意义上的汽车，它的长轴距、流线型轮廓、蜂窝式散热器、低发动机罩、定位板式换挡装置、斜置转向系统、尺寸相同的前后车轮以及轻量化等特点成为此后汽车工程设计的标杆。

当时，戴姆勒公司的主要竞争对手是成立于1883年的奔驰公司（Benz & Company Rheinische Gasmotoren-Fabrik）。奔驰公司的主要创始人本茨是最早从事两冲程内燃机研究的工程师之一，他早在1879年就获得了两冲程内燃机的发明专利，此后又陆续获得加速器系统、电池打火系统、火花塞、汽化器、离合器、变速挡和水散热器的专利。1885年，奔驰公司制造出一辆三轮汽车。1886年，本茨取得了“用汽油作为燃料的汽车”的专利权。此后，他改用戴姆勒公司生产的内燃机制造和出售奔驰汽车。作为世界上第一个销售汽车的人，他的首批25辆汽车的市场反应并不好。这不仅是因为当时只有到药店才能买到汽油，而且这种汽车在上坡时需要人推。1894年，奔驰公司成功推出改进的维罗（Velo）型汽车，该车总共售出1200辆，这在当时是个庞大的数字，维罗型汽车算得上是第一款大量生产的汽车。

奔驰公司和戴姆勒公司在一战期间都获得了较大发展。一战后，德国的经济持续衰退。1923年，奔驰公司生产了1382辆汽车，而戴姆勒公司仅生产了1020辆。1926年，两家公司合并为戴姆勒–奔驰公司（Daimler-Benz AG），主要生产梅塞德斯–奔驰汽车，汽车标牌采用戴姆勒公司的三叉戟标志。

3. 狄塞尔与柴油内燃机

德国工程师狄塞尔很早便试图改变奥托内燃机使用煤气作为燃料的缺陷。他在实验中完全舍去奥托内燃机中简陋的点火系统，通过提高内燃机的压缩比，靠压缩空气发热，喷入燃料后自燃做功。但狄塞尔必须解决燃料问题，汽油虽然容易点燃但却不适应具有很高的压缩比的压燃式内燃机。一旦把汽油雾化喷入含有高温、高压空气的燃烧室，就会发生猛烈的敲缸，甚至爆炸。后来狄塞尔选用植物油（花生油）作为燃料，但植物油点火性能不佳，燃烧不稳定，成本也太高。最终，狄塞尔将燃料锁定在石油裂解产物中一直未被重视的柴油上。相对于汽油而言，柴油性质非常稳定，比较难于点燃，在高压缩比情况下，柴油也不会出现爆震，这恰恰适合压燃式内燃机。

1892年，狄塞尔终于成功试制了一台柴油内燃机，它用气缸吸入纯空气，再用活塞强力压缩使空气体积缩小到原来的1/15左右，温度上升到500—700摄氏度，然后把雾状柴油喷入气缸与高温纯空气混合。由于这时气缸已经有了较高的温度，因而柴油喷入后会自行燃烧做功。由于狄塞尔内燃机功率大，油耗低，可使用劣质燃油，因此显示出良好的发展前景。1893年，狄塞尔开始与当时著名的机械制造商曼公司（MAN AG）的工程技术人员合作，准备将柴油内燃机进行商业化生产。1897年，曼公司（奥格斯堡机械工厂）制造出世界上第一台柴油内燃机。1899年，克虏伯公司和瑞士的苏尔寿公司（Sulzer Ltd.）开始获得专利许可生产柴油内燃机。第一艘装备柴油内燃机的船只出现在1903年。一战后，曼公司开始制造车辆用柴油内燃机。1924年，在柏林汽车展览会上，曼公司展示了世界上第一台装备柴油内燃机的卡车。不久以后，博世公司（Robert Bosch GmbH）开始生产标准泵喷油器，这为将柴油内燃机安装到轿车上创造了必要条件。实验证明，柴油内燃机更适合需要强大动力的重型机械和装甲车辆。曼公司除了生产车用柴油机以外，还研发了袖珍战列舰以及潜艇用的柴油内燃机。曼公司与莱茵钢铁公司（Rheinmetall AG）联合生产的豹式坦克（Panzerkampfwagen V“Panther”）也使用柴油内燃机。

德国的人口从1890年的4900万猛增到1919年的6600万，成为仅次于俄国的欧洲第二人口大国。它的煤产量从1890年的8900万吨上升到1914年的2.77亿吨，只落后于英国的2.92亿吨，但远远领先于奥匈帝国的4700万吨、法国的4000万吨和俄国的3600万吨。钢的产量更加惊人，1914年，德国有1760万吨的产量，比英、法、俄三国的产量总和还多。更引人注目的是德国在电力、光学和化学等新兴工业中所取得的成就。像西门子和通用这样的电气公司雇用着14.2万名工人，它们控制着欧洲的电力工业。以巴斯夫和拜耳为首的化学公司生产了世界工业染料的90%。德国在世界制造业中所占的份额（14.8%）高于英国（13.6%），是法国的1.5倍（6.1%）。从1890年到1913年，德国出口总额增加了2倍，已接近世界头号出口大国——英国。（肯尼迪，2006）长期以来，英国是德国最大的贸易伙伴，德国对英国贸易中商品结构的改变可以清晰地说明德国工业能力的提升。1870年，德国输往英国的产品中仅39.7%为工业品，原料和食品类却分别达到34.7%和25.6%。到1913年，德国出口英国的产品中工业品已占70.8%，而原料和食品类分别下降到20.4%和8.8%。（Kennedy，1980）一战前的德国已成为欧洲经济的动力源泉。

第二节 工业实验室及哥廷根应用数学与物理促进协会

在第二次工业革命时期德国的科研体系中，处于最基层同时也是与工业联系最紧密的是企业所属研究机构。在世界各国中，德国企业率先建立起工业实验室，许多新发明都是在这些实验室中完成的。在这方面，化学工业领域最具代表性，杜伊斯堡（Carl Duisberg，1861—1935）领导的拜耳实验室在诸多方面引领了潮流。

一、工业实验室

1856年，英国皇家学院学生珀金在研究治疗疟疾的特效药物奎宁时幸运地发现了苯胺紫，这对合成染料业来说具有划时代意义。珀金深信他的发现具有不错的商业前景，于是他弃学从商，于1857年在伦敦建立了世界上第一座合成染料工厂，有机染料工业从此诞生。英国在19世纪70年代中期以前一直控制着世界染料市场，德国染料企业主要依靠模仿英国和法国的技术生产染料。19世纪70年代发生的一系列重大变革促使德国主要的染料企业建立企业内部的科研机构，并由此超越英国，成为世界有机染料工业新的翘楚。

首先，德国国内政局日趋稳定。普法战争结束后，原先四分五裂的各邦国统一为德意志帝国，德国国内政局逐渐稳定下来，国内统一市场也由此形成，为工业的发展创造了良好的外部环境和机遇。

其次，合成染料茜素的发明。1869年，德国巴斯夫公司两位青年化学家格雷贝和利贝曼首次合成了茜素。有机茜素的问世意味着茜素不再需要从茜草中提取，而可以直接在实验室中合成，并且合成茜素染料比天然染料有着明显优势：成本更低、应用方便、颜色鲜艳、不易褪色。这一高附加值的畅销产品不仅使曾经濒临倒闭的巴斯夫公司成为欧洲最大的茜素生产企业，本来无足轻重的德国染料业的营业额也占到了全球总量的2/3。合成茜素不仅为德国染料业带来源源不断的财富，也让他们意识到科学研究的巨大作用。

最后，高校研究已经不能满足实际需要。德国拥有完备的科技教育体系。1825年，德国第一所高等技术学院——卡尔斯鲁厄高等技术学院（Technische Hochschule Karlsruhe）应运而生。这种效仿法国巴黎综合工科学校（École Polytechnique）的技术教育院校主要进行工程技术研究，教学内容与工业生产密切联系。他们率先开展了有机化学研究。一向坚持纯学术研究的综合性大学也顺应时势，加大了有机化学研究力度。吉森大学在李比希的带领下，在有机化学领域取得了丰硕成果。德国化工企业一般都是由受过良好训练的大学毕业生与印染商或银行家联合建立的，他们更懂得科学对企业发展的重要性，因此与大学保持着密切的联系。

不管是在高等技术学院，还是在综合性大学，化学教授们都牢牢把持着有机化学研究的实验室和各项发明的使用权。他们通常会安排学生参与研究项目，这些学生毕业后一般会被化工企业雇用。德国化工企业必须与大学化学教授保持密切联系，为此要付出高昂的顾问费，并为他们提供科研资金、稀缺的化学品，承担烦琐的分析性测试等等，此外还要提供必要的法律支援以取得专利并保护发明。

然而，在竞争日益激烈的情况下，大学教授和化工企业的合作越来越难以达到预期目标。首先，随着染料生产技术的普及，要想获得更好的染料，必须进行更复杂、更艰难的科学研究。其次，生产染料的工艺和流程，同样也可以用来生产其他化学品、药物和胶卷，这促使化工企业纷纷开展企业内部研究，把相同的科研成果运用到更多的业务领域。最后，德国于1877年颁布了专利法，给予企业必要的保护，鼓励企业创造知识财产，这也是促使企业积极开展内部研究的重要推动力之一。

各大化工企业纷纷开始兴办内部科研机构，精心置备各种设施。在有机化学家之后，无机化学家、生物学家、细菌学家、植物学家、昆虫学家等，都加入到企业的研究队伍当中。不同领域的专家一起工作，有利于从不同角度解决问题，也便于将研究扩展到染料以外的领域。此外，还有化学分析员、仪器制作员、文书、仓库保管员、吹玻璃工、洗瓶工等众多人员协助专家从事研究活动。企业的图书馆也买来了科学书籍，订阅了重要的学术期刊，负责专利事务的人员还会随时准备保护研究成果。这种先进的工作方式，能够迅速利用大学所欠缺的资源和技能，专注应对工业挑战。（布德瑞，2003）[32]

拜耳公司也许不是第一个大规模致力于企业研发的公司，也不是当时最大的化工企业（巴斯夫公司排名第一），但在杜伊斯堡的带领下，拜耳公司实验室将科学研究活动制度化，逐步成为现代企业研究机构的典范。

1863年，染料推销员拜耳（Friedrich Bayer，1825—1880）与染色员威斯考特（Johann Friedrich Weskott，1821—1876）在德国巴门（Barmen）创建了一家染料公司——拜耳公司（Friedr. Bayer et comp.），专门生产和销售合成染料。和其他公司一样，拜耳公司起初只关注染料生产，企业研究被放在无足轻重的位置。随着生产的发展，拜耳公司开始雇用化学博士，并给予他们充裕的时间从事新染料的研究。为了获得新染料，拜耳公司还物色了数名化学教授，有偿购买他们的科研成果，并且要求不得再转让给其他企业。这一时期，拜耳公司主要是与高校进行合作研究，目的更多的是为了维持与大学教授的关系。

随着化学博士杜伊斯堡1884年的加入，拜耳公司企业内部研究工作变得日益重要。杜伊斯堡拥有优秀的组织才能，他在企业内部组织了大学式研讨会，交流科研成果，让更多员工了解科学进展。杜伊斯堡要求新来的化学家要花一年时间在工厂的各个部门和实验室之间进行轮调，以学习应用染料、进行褪色测试、处理合成过程以及研究竞争对手的色彩，然后视个人的资质和意向，再分配到生产或研究机构工作。他还亲自督导这项规定的实施，以便找出最适合企业研究的优秀人才。为了让经理人更好地了解实验室的运作情况，杜伊斯堡要求实验室的科学家定期递交研究进度报告。

1889年，拜耳公司出资150万马克，在伍珀塔尔市埃尔伯费尔德区（Wuppertal-Elberfeld）建立中央实验室。中央实验室包括储藏室、稀有化学品室、机械工厂、图书室，以及中央分析实验室等部分，配有技工、勤杂工、染工、玻璃吹制工，将研究人员从单调辛苦的工作琐事中解放出来。这是发明工业化的里程碑，科研人员的发明研究工作已经从外部的学术机构转移到工业企业中。

杜伊斯堡要求工程技术人员的办公室设在化学实验室附近，以便“工厂的化学师随时同工程技术人员直接联系”。（钱德勒，2006a）[551]拜耳公司化学家取代了生产线上的领班，以科学的方法控制和协助生产流程也已成为制度。到1900年，中央实验室内拥有博士学位的化学家人数增加到262人，研究工作也从中央实验室延伸到另外5个实验室，研究范围涵盖了药品、无机化学、茜素、人造橡胶、摄影产品以及技术产品等诸多领域。（布德瑞，2003）[38]正是在这些工业实验室中，科学家出于对纯科学研究的探知和渴望，发现了各种各样的染料。

经过不懈努力，拜耳公司的染料专利数增长迅速。1900年申请专利512项，1914年为8000多项。1900年，拜耳公司销售1000种染料和40种药品；而1914年后，它销售的染料数目翻了一番，药品和摄影产品的销售数量则超过了150种。拜耳公司研发出了众多中间产品、染料和药品，其中包括“世纪之药”——阿司匹林。随着一战爆发，拜耳公司的员工人数增加到10600人，超过巴斯夫公司，成为德国第一大化工企业。此时，其他公司的科研水平也有长足的进步，大规模的发明工业化充斥着整个德国科技界。成功的、系统化的研究不仅可以为企业带来巨大的优势，而且还有助于企业在挑战和危机面前力挽狂澜，保护自己的新兴业务市场。德国化学工业部门1896年共雇用近1200名化学家，平均每家企业约有6名化学家，化学家占职工总数之比约为2.7%。相比之下，19世纪末英国最大的一家合成染料企业仅拥有20名化学家。（刘立，1997）1913年，德国8家最大的合成染料企业80%的产品用于出口，国际市场占有率高达90%。（Fred et al.，1991）[104]如果没有工业实验室，以及实验室里的化学家，德国染料工业就不可能到1914年时发展到居全球支配地位。（贝拉尼克 等，1988）[54]

虽然工业实验室取得了巨大成就，但对于科学研究而言，大学仍然占据着主导地位。

德国化工企业努力与大学杰出化学教授保持密切联系，后来各公司干脆与大学建立某种排他性合作关系，比如拜耳公司与维尔茨堡大学的威利森努斯（Johannes Adolf Wislicenus，1835—1902）教授，以及哥廷根大学保持着特殊的紧密关系。爱克发公司“垄断”了霍夫曼的发现并且对他的学生拥有优先雇用权。这对企业和科学家来说是件双赢的事情，德国大多数化工企业在任何时候都可以获得在其他地方难以获得或者需要付出很大代价才能获得的帮助，这使他们能够在最为广泛的生产领域组成一个大型的多样化生产企业。对科学家来说，接受科学教育已经能够获得相当可观的报酬了。（波斯坦 等，2002）[393]所有这些对促使现有知识和潜在知识商品化都是至关重要的。

19世纪最后几十年，科学与工业的关系发生了根本性变化：科学家的发明开始工业化，大型工业实验室逐渐在企业内部建立起来，以前各企业的科学顾问及科学家式的企业主（Scientific Entrepreneur）被雇用的专门研究人员取代，应用科学成为技术发展和企业进步的推动力量。（Meyer-Thurow，1982）德国化学工业是早期以科学为基础的工业中最有代表性的例子，德国化学企业率先建立了世界上首批大规模工业实验室。工业实验室的建立实现了高度组织化的工业研究，他们不仅致力于研发新工艺和新产品，而且也集中改进现有的工艺和产品。与此同时，德国各大化工企业为包括开发、生产、市场营销和物流等每一个职能部门都招募了专业的管理人才，并且建立起一个由权威化学专家来领导的总参谋班子，以协助高层执行官们监督和控制整个经营活动。就这点而言，这些企业不仅在化学工业和制药工业中成为先驱，而且在塑造现代高科技企业的管理组织方面也处于领先地位。（钱德勒，2006b）

德国化学工业的崛起可以看成是德国崛起的缩影。德国化学工业起步较晚，直到1840年德国人才开始使用勒布朗法生产苏打，而迟至19世纪70年代，索尔维生产法才开始改变德国化工企业的面貌，但当时德国的产量仍然比法国几十年以前的产量还少。19世纪60年代，德国化工企业通过模仿英国和法国等国的技术生产合成染料，随后通过一系列科学上的新发现，德国化学工业开始起飞。虽然从经济角度考虑效益并不高，但他们的生产方法较之其他国家更科学，典型的德国化工企业在产品多样性上胜过欧洲大陆其他国家的企业。（波斯坦 等，2002）[392-393]他们利用在合成染料生产中所获得的技术知识，开发出多种多样的以煤焦油为基础原料的药品，从而在商品化生产这类新型合成药品的领域成为世界领导者。不久之后，这些公司运用相同的技术知识，在摄影化学品的商品化方面开始取得领导地位。（钱德勒，2006b）在“德意志帝国最伟大的工业成就”（Habakkuk，1966）——化学工业的带动下，德国一大批工业部门相继兴起，德国也因此当仁不让地成为第二次工业革命最重要的中心之一。

二、哥廷根应用数学与物理促进协会

为了满足社会对电气科学的需要，达姆施塔特高等技术学院（Technische Hochschule Darmstadt）于1882年设立了电气工程教授的席位。到19世纪末，德国全部高等技术学院都设立了与电气工程教育相关的教授席位、研究所、实验室或电气工程系。1901—1902年，达姆施塔特高等技术学院三分之一的在校学生选择了电气工程专业。德国发达的电气工程教育吸引了大批外国留学生（主要来自东欧和东南欧）。1906—1907年，达姆施塔特高等技术学院的留学生比例高达76%。1882—1914年，仅德国高等技术学院就培养了2500名电气工程师，还培养了数量差不多的外国留学生。

但德国当时以柏林大学为首的研究型大学坚持纯学术研究，与方兴未艾的第二次工业革命保持着一定距离。克莱因发起成立的哥廷根应用数学和物理促进协会（Göttinger Vereinigung zur Förderung der angewandten Physik und Mathematik）使哥廷根大学突破了柏林大学模式，提升了自然科学学科在大学中的地位，引领了大学从纯理论研究到理论与工业应用相结合这一历史潮流。第二次工业革命时期，德国的科学与技术结合的程度，超过其他任何一个国家。（Henderson，1975）

根据普鲁士哲学家、教育理论家施莱尔马赫（Friedrich Schleiermacher，1768—1834）的观点，真正的大学只应包含在哲学学科之中，至于其他学科，如法学、医学与神学，都只是为国家和教会提供实际需要的专门学科。1810年创建的柏林大学就是以这种理论为基础来成立学院的。1871年德意志帝国成立后，鉴于当时各邦国大学的学科分类五花八门，普鲁士文化教育部进行了一场全国性的学科分类调整，即所有大学都必须以柏林大学模式为基准，形成由哲学院、法学院、医学院、神学院四大学院组成的德意志规范化大学学院建制。除医学外，自然科学与人文科学的所有学科一起，全部并入哲学领域。柏林大学模式把整个大学教育与科研发展的重点放在人文社会科学上，强调哲学对其他学科的统治地位，由此也勾勒出了纯科学与各种实际运用之间的界线。

唯有突破过去严格遵循的纯科学与各种实际运用之间的界线，才能为自然科学的进一步发展找到出路。1890年，德意志企业家与工程师联合会对德意志的大学与经济、技术领域之间的疏远状态表达了强烈不满。他们在一份给普鲁士文化教育部的呈文中指出："目前，高校对于职业领域、对于德意志工业的效率所能产生的作用实在太少。但无论在和平或战争时期，德国占据世界领先地位的绝大部分东西都将以这种效率为基础，这种世界领先地位的维持是要靠工业来提供物质手段，靠技术来提供武器和工具的。因此，教育改革的任务，从相当大的程度上讲，在于通过对新语言和自然科学教育手段的培植，来为民族提供高效率的职业圈子。"（李工真，2004）

克莱因非常重视科学知识的实际应用，他对巴黎综合工科学校的教育体系极为赞赏，认为他们实现了把广泛、深入的数学—自然科学的学习与实践培训结合在一起的理想。他力图弥合当时德国科学与技术教育分离的鸿沟，提出了把科学应用和实践培训纳入到综合性大学的想法，并称之为“全面教育”（Gesamtbildung）。为此，他提议把汉诺威高等技术学院搬到哥廷根，与哥廷根大学合并，但这一构想因受到各方面反对而未能实现。

1893年，克莱因参观了在美国芝加哥举办的世界博览会。他发现眼前正在发生的这场工业新革命，实际上标志着技术革命已开始由过去的“工匠革命”阶段进入“科学家革命”的新时代。任何重大新技术的出现，已不再来源于单纯经验性的创造发明，而来源于长远的科学实验和理论的基本研究。科学对生产技术的指导意义不仅无可怀疑，而且责任重大，它必将开辟出一个新的工业体系。克莱因认为，科学家们要跳出过去的理论框架去开辟一种交叉性的、与应用相关的新科学领域，并断言发展应用科学必将成为大学自然科学学科发展的一个新方向。（李工真，2004）

克莱因还考察了美国大学，他发现美国的综合大学与技术大学的融合比德国好，一些大学中设有工程教育机构，私人捐助和基金会对美国大学的贡献很大。美国的高等教育体系与他的观念相近，充分实现了科学与技术、经济与工业的紧密结合。美国之行使他认识到把大学与技术直接联系起来的紧迫性。当时德国大学的自然科学仍然在“哲学统一王国”中承担着解释世界的任务，而科学的任务显然不仅在于解释世界，更在于认知并改造世界。克莱因立志要消除当时在德国以及整个欧洲的大学中都严格保持的纯科学与各种实际运用之间的界线。（李工真，2004）

克莱因提倡学习美国大学模式，突破柏林大学模式中不合理的限制，走一条理论与实践相结合的道路。在他的积极努力之下，哥廷根大学自然科学终于脱离了哲学领域，并先后成立了数学、天文、物理、化学、技术和机械学院，哥廷根大学逐渐成为世界上最重要的数学和自然科学中心，形成了著名的“哥廷根学派”。克莱因还本着“数学必须与其他科学、与社会有着积极而互惠的关系”的强烈信念，竭尽全力地证明数学应该与实际运用紧密地联系起来，最终促成了哥廷根应用数学与物理促进协会的建立。

1893年底，克莱因向当时普鲁士文化部的实权人物阿尔特霍夫（Friedrich Althoff，1839—1908）提出在哥廷根大学新建一个教育机构，以便向学生提供技术教育，进而将物理、数学等学科与工业界更紧密地联系起来。阿尔特霍夫对此表示赞赏，但告诫他此举得不到财政支持。克莱因只能向工业界寻求支持。鉴于化学对于德国化学工业的重要意义，克莱因认为得到工业界的支持是理所当然的，然而现实又一次打击了他。工业界对这种新的机构并不习惯，也不信任克莱因本人。

1896年秋，克莱因收到耶鲁大学的聘书，虽然他拒绝了，但这促使阿尔特霍夫更为坚定地支持克莱因的计划。此外，哥廷根大学新任校长曾在文化部任职，同阿尔特霍夫的私交甚好，克莱因终于可以把他的理念变为现实了。

先前的经验使克莱因认识到，获得工业界的支持是计划实现的最重要因素，必须要找到一个与工业界联系密切的人，他的理想人选是原来在慕尼黑的同事林德（Karl Linde，1842—1934）。林德不仅是科学家和技术专家，还是一个成功的企业家。林德又邀请好友，德国著名的企业家和政治家鲍定谔（Henry Böttinger，1848—1920）一起参与计划。

鲍定谔是拜耳公司的创始人拜耳的女婿，1882年进入公司的领导层。他和外斯考特、杜伊斯堡一起把拜耳公司发展成为世界性的企业。他还于1891年成为普鲁士议会议员，1908年成为上院的议员，因此有着重要的政治影响力。他恰恰就是克莱因要找的能够联系工业界、有着很强的人际交往能力的人。

1896年，克莱因促使哥廷根大学哲学院授予林德和鲍定谔“荣誉博士”称号，从此他们两人与哥廷根大学和克莱因建立了特殊的关系。为了建立哥廷根大学物理研究所的技术分部，鲍定谔向哥廷根大学校长提供了1万马克，林德和慕尼黑的工业家克劳斯（Georg Krauß，1826—1906）各提供了5000马克，一个小型的机械实验室因此得以建立，这是工业界的私人资金第一次支持大学中的技术研究。在克莱因的争取下，文化部批准该实验室设立一个农业机械的编外教授、一个助手和一个机械护理员，并且批准了必需的工作开支，这意味着文化部将为他们发薪水。

在此之前，他们已经取得了一个突破。1896年6月，哥廷根大学为能斯特（Walther Hermann Nernst，1864—1941）建立了物理化学和电化学研究所，这是哥廷根大学建立的第一个技术研究所。鲍定谔对此贡献甚多，克莱因也把研究所的建立看作自己理念得以实现的开端。新来的农业机械教授迈尔（Eugene Isaac Meyer，1875—1959）提出了庞大的扩建计划，但资金仍然是最大的问题，从文化部得到大量资助是不可能的，向私人资本求助是唯一的出路。鲍定谔的方案是把愿意支持技术研究的工业界人士联合起来，建立一个长期性的联合会，来支持扩建计划以及类似的研究。文化部对这一方案也表示赞同，同时提供资助，算是政府对协会的正式认同。

科学界与工业界的联合在当时是一个崭新的课题，可以借鉴的经验并不多，克莱因的选择是非常有限的，像帝国物理技术研究所那样由国家提供经费的科研机构是最为理想的形式。但政府无力提供太多的财政支持，实际上就否定了这一形式。从工业界获得支持是解决问题的唯一出路，克莱因在获得鲍定谔的帮助之前就已经有了这样的认识，鲍定谔恰恰是实现他的计划不可或缺的人选。当时对科学和艺术活动的资助并不少见，一些基金会也建立起来。但是它们与协会的区别在于：协会是由多个工业界进行资助，每个企业或个人提供一部分并不很多的资金，而其他的基金会则往往是单个工业家或富有者建立的。这样一种形式对于单个企业家来讲构不成太大的负担，同时也不至于变成为某一个企业家服务的机构。企业家在很大程度上只是成为资金的提供者，而对科学工作并没有太多的发言权。当然要想完全屏蔽他们的影响也是不可能的。

鲍定谔是科学界和工业界联合的标志性人物，正是他在工业界和政界广泛的影响力使协会得到了诸多知名企业和工业界人士的支持。西门子对于帝国物理技术研究所的建立起了很大的推动作用，鲍定谔所起的纽带和推动作用也是不可替代的。克莱因早先长期的努力都没有显著的效果，但是鲍定谔加入进来以后协会很快就建立了，这足以证明鲍定谔的作用。与工业界人士的联络由鲍定谔负责，这种游说对他来讲也并非易事，因为他必须从企业家那里要到钱，并且还不能让工业资本家过多地影响研究所，把它们变成工业家的实验机构。他尽量使工业界人士认识到这件事的益处，从而参与进来。先前克莱因未能说服的克虏伯公司、西门子—哈尔斯克公司（Firma Siemens und Halske）在鲍定谔的劝说之下都同意参加这一计划。共有7位工业家加入进来，除了鲍定谔、克劳斯，还有纽伦堡机械制造有限公司的总经理里佩尔（Anton von Rieppel，1852—1926）、西门子公司董事会主席伯迪克等5人。

1898年2月26日，哥廷根大学与工业界谈判成功，哥廷根应用数学与物理促进协会正式成立。协会挂靠在哥廷根大学哲学学院，这是一个重大突破，因为当时大学轻视技术应用，不愿开设这类学科。此外，协会一度受到了来自综合大学和技术大学的双重敌视，前者认为它们的体系被破坏，后者把这一机构视为竞争者。协会在管理体制上也有重大突破，作为一个协会，它是一个自主性的机构，无论是哲学院还是大学甚至文化部对它都不能行使直接管辖。

协会会员分为两类，一类是工业界会员，一类是科学会员。工业界会员是企业或公司派出的代表，科学会员是来自哥廷根大学的教授。后来又设立了荣誉会员，阿尔特霍夫就是荣誉会员。协会设立理事会，由7名工业家和7名教授组成，行使监察权。日常事务由一个常设委员会负责，这个常设委员会由3名工业家和3名教授组成，大学校长行使政府特派员的职能。鲍定谔被推选为协会的主席。协会规定，加入协会的成员要缴纳的最低金额为5000马克或1万马克（应该是针对工业界会员）。

一战前，协会的工业界会员超过了50人，其中有很多重要企业的所有者或总经理，包括通用电气公司、波鸿联合钢厂（Bochumer Verein）、北德轮船公司（Norddeutscher Lloyd）和大的冶炼厂。另外还有一些比较有名的个人会员，如德绍尔大陆燃气公司（Dessauer Continental-Gas Gesellschaft）总经理奥塞耳豪伊泽尔（Wilhelm von Oechelhäuser，1820—1902）、德国飞艇发明者齐柏林（Ferdinand von Zeppelin，1838—1917）。1907年上任的克虏伯公司新董事会主席古斯塔夫·克虏伯（Gustav Krupp von Bohlen und Halbach，1870—1950）

也以个人会员的身份加入。

文化部对协会的资助是一笔按年支付、持续六年的款项。协会每年的会议是在企业邀请之下召开的，邀请的企业负责相关费用。在协会存在的时间里，它向政府和大学捐赠的资金超过了100万金马克，这也体现了协会强大的财力。

1904年，协会成立了德国第一个、也是唯一一个应用数学研究所，任命数学家、物理学家龙格为教授。一年后协会又成立了物理研究所和应用电学研究所，前者由文化部资助，后者由协会提供研究所的全部内部装配并承担前几年的运作开支，政府则负责建筑费用和人员的薪酬。

在成立之后的10年里，协会建立了5个研究所，设立了5个教授职位。这些教学、研究机构的建立大致都是按照上面的模式，由协会和政府共同参与，协会对这些机构有的提供房子，有的提供设备。这些机构的设立主要是由克莱因提出，鲍定谔则负责与政府的相关部门沟通。

1922年7月，协会合并到亥姆霍兹物理技术研究促进会中。令人颇感意外的是，协会存在的24年里竟然一直没有章程。当时人们对大学的资助已不鲜见，但是这种资助需要得到皇帝的批准。如果是资助大学的基金会的话，一般来说，被资助大学的副校长和校务委员必须参与这个基金会。这样做的目的或许是为了保护大学和学术活动不受资助方的过度干扰。但是哥廷根大学的情况有些特殊，除了校长以外反对意见占多数，要想让校务委员接受并参与这个协会几乎是不可能的。开始人们对于协会的章程并没有给予太多关注，克莱因把文化部的支持当作挡箭牌，协会与大学的关系问题在法律上没有解决，但这并没有影响协会的存在和发展。1904年初鲍定谔起草了一个章程，克莱因对之做了修改，但是这一方案未能获得协会全体成员的认可，这一奇特的协会形式竟然继续保持着。

协会没有章程这一现象一方面反映了协会的处境，即在大学中仍然不被接纳，另一方面也反映了协会内部的问题。虽然阿尔特霍夫对此非常支持而且文化部也提供了资助，但是仍然把它视为一个大学的机构，而没有把它当成一个全国性的重要机构，因此对它的这一缺陷就容忍了下来。同时它在资金的构成上没有一个主导性的一方也是出现这一问题的原因。克莱因等人提出的章程不能获得工业界人士的赞同，克莱因也不可能强力地贯彻它。它最后被接管的原因可能也是因为它没有明确的章程。试想，一个法律定位明确的民间协会是不会被轻易裁撤或合并的。

这一机构最重要的意义在于成功争取到工业界的支持，形成了一个为工业服务的科学机构。无论从它的组织模式还是资金来源来看，协会都是威廉皇帝学会的前身，是科学界和工业界的第一次“握手”，协会可以认为是工业界和科学界联合的初次尝试。它吸纳的资金规模不大，但是对于一个大学的机构来讲已经足够了，基本满足了克莱因的计划。工业界不是直接与研究所建立联系，这样有利于保护研究所的独立性，这对于后来的威廉皇帝学会具有一定的借鉴意义。

第三节 国家介入科技发展

在各企业和高校积极从事科研开发的同时，国家在这一时期的科学技术发展中也扮演着重要角色。德国政府之所以积极介入促进科学技术的研究和开发，根本目的在于“克服与西方先进国家相比所处的经济相对落后状态”，因为当时德国人已经普遍地认识到，德国的大国地位、物质生存、强大军事，它在世界上的政治、文化和经济影响等，都“决定性地基于科学之上”。（邢来顺，2003）[76]

早在19世纪70年代，德国出于外交目的，在国外设立了一些科研机构，其中有罗马的考古学研究所、佛罗伦萨的艺术史研究所等。但当时促进研究的动力主要来自各邦，特别是普鲁士。19世纪80年代以后，随着经济发展，德国经济实力有所增强，国家介入科研的状况开始有新的表现形式。

一、帝国物理技术研究所

1.政府、工业界、科学界的多方博弈

在“教学与研究相结合”思想盛行的时候，德国大学在招聘教师时，除了考察应聘者的研究能力，还要将教学能力作为一个重要标准。但工业界的需求逐渐使这种情况出现变化。由于生产上所需要的技术发明与改革能作为发明专利被长期垄断，许多德国大企业都设置了大规模的实验室和研究所，投入巨额资金进行技术革新。工厂的实验室不再是没有任何科学知识的师傅训练徒弟的场所，而是成为基于相关专业知识的实践培训中心，大学教授成为这些实验室争相延揽的对象。尤其是到了19世纪末，既要满足工业界的需要，又要完成一定的教学任务，对于许多一心只想从事研究的科学家来说，就成为两难选择。包括科学家、教育家、实业家以及公务员在内的有识之士开始奔走呼吁成立新的学术研究机构，它应独立于大学之外，以纯研究为导向，没有教学任务；它应独立于各邦之外，只接受来自中央政府的拨款和私人企业的捐赠。

鉴于以上情况，1872年，数学家和教育家舍尔巴赫（Karl Heinrich Schellbach，1805—1892）、著名物理学家亥姆霍兹等人联名向王储腓特烈·威廉（后来的德皇腓特烈三世）提交了一份报告，提议建立一个“精密科学”（Exakte Wissenschaften）展览馆，向公众展示科学仪器。这些仪器不仅可以发挥教育和宣传功能，还可以向中学以及研究人员出借，满足他们对实验仪器的需求。展览馆的另一功能是与机械工厂合作生产精密仪器。

此后，在政府、科学界、工业界、军方的各方博弈下，建立展览馆的方案内涵被不断丰富。应军方机构——普鲁士测量总局（Zentral Direktorium Vermessungen in Preußen）的要求，方案加入了成立一个生产精密仪器的机械作坊的计划。应精密机械和光学仪器制造商的要求，新的机构被赋予进行物质性质检验的任务。另外，以西门子为代表的电气工业提出了电学测量的单位体系审定和基本单位测定的要求。

按照制造商的要求，新的科研机构不能对他们构成威胁，只能协助他们解决生产中的问题。不直接进行精密机械的设计和研制，这一工作由企业自己完成。新科研机构主要为工业提供更为基本的科学支持，因此称之为“工业科学支持机构”更合适。这一机构不是只为某一企业服务，而是为整个行业服务。

帝国物理技术研究所是一个由科学界和教育界最先发起，政府机构（测量机构和军事测绘机构）、工业界（精密机械和光学制造业）随即参与进来的，历经15年时间才最终成立的国家科学机构。工业界特别是西门子个人的热情对于它的建立具有重要意义。它背后有着众多的推动因素，工业界的需求、科学界和教育界的需求、军事上的需求以及与法国竞争的需要，都与帝国物理技术研究所有着直接的关联。正是因为这些因素才使得帝国物理技术研究所成为一个集科学研究机构、政府官僚机构、准工业研究所于一身的机构。帝国物理技术研究所的性质即国家科学机构表明政府不仅有支持大学的义务，还有为工业界提供科学支持的义务，这一类型的科学机构对于工业发展具有重要意义。而且由于其研究和工作领域的特殊性，政府的参与是必需的，政府不单单是提供经济支持，而且还参与机构的设计。这不仅是工业界参与建立科学机构的开始，也是国家为工业界提供直接科学支持的开始。

1887年，德国联邦政府终于批准了几经完善的筹建方案。实业家和科学家西门子慷慨解囊，为研究所捐赠了一块约为1.2 万平方米的地皮，并承担新建施工费用。研究所的基础设施和实验设备都是当时最先进的，仅建筑和装配费用就达到367万马克，而英国的国家物理实验室的花费仅为60万马克。与德国国内大学的物理研究所（例如柏林大学的物理研究所）相比，帝国物理技术研究所的硬件设施也是最好的。（Brocke，1980）[38]

具有远见卓识的西门子在帝国物理技术研究所的建立过程中发挥了重要作用。他对科学作用的认识极富战略眼光，在他看来，自然科学的新发现几乎毫无例外地开辟了新的途径、更重要的工业分支或重新使它们充满活力；新的自然科学发现是否有技术应用的价值需要对它进行长时间系统的研究才能明确，因此科学进步不能受经济利益的局限；对科学的扶持就是对国家经济利益的促进。西门子希望建立一个不同于已有科学机构的研究场所（Stätte），在这里科学研究占据首要位置，天才科学家可以不受干扰地进行研究活动。这也成为德国设立国立研究机构的重要原则。

2. 科研活动与工业需求紧密结合

除了硬件条件，帝国物理技术研究所在学术方面更是坚持高起点和严要求。该所采用严格的国家机构的科层式管理模式，领衔的均是享有国际声誉的著名科学家。首任主席为著名物理学家亥姆霍兹，之后又有许多著名的物理学家，如科尔劳施（Friedrich Kohlrausch，1840—1910）、瓦尔堡等相继担任主席。研究所下设物理部和技术部：物理部由3个实验室组成，分别是热实验室、电学实验室和光学实验室；技术部由4个实验室组成，分别是精密机械实验室、热—压实验室、电学实验室和光学实验室。

帝国物理技术研究所对研究领域做了定位，不与大学、高等技术学院和私人企业所涉领域相冲突，但是在物理标准的制定和工具检验方面的研究不受限制。它的主要工作分为“研究”与“检验”，物理部的工作是“研究”，技术部的工作是“检验”。“研究”领域是相对于那些私人和教育机构的实验室在工作时间和实验设备上来说要求投入更多的研究项目。“检验”的领域包括三个方面：一是检验和确定一些设备和检测工具的性能，使之应用于政府事务（例如军事技术）、科学、精密技术和工艺；二是检验和确定一些辅助工具和部分结构构造的相似性及通用性，使之有利于上述设备和工具的制造；三是在最广泛的范围内服务于上述目标。

在亥姆霍兹担任帝国物理技术研究所的主席期间，物理部处于首位的物理标准制定任务是为工业目标服务的，例如光度学、为玻璃制造服务的物质性质的测定、电学单位的测定。物理部的大部分研究集中在物理量的标准、工具、测量方法上。虽然人们认识到了纯科学研究的不足，但是为工业界提供学术支撑无疑能够证明帝国物理技术研究所存在的价值。同期技术部的主要工作是物质、仪器、设备的检测和鉴定。19世纪90年代，帝国物理技术研究所热—压实验室几乎成了德国玻璃工业和温度计工业的检测站，电学实验室则忙于电学测量仪器的检测，光学实验室则致力于解决德国照明工业中的一些实际问题。

科尔劳施担任主席期间，物理部的光学实验室进行的黑体辐射研究为帝国物理技术研究所带来了巨大的科学声誉。这一工作开始于维恩的研究，卢默尔（Otto Lummer，1860—1925）等人改良了黑体，并在1899年制造出绝对黑体。1903年以后帝国物理技术研究所便不再进行辐射物理的研究，转向了辐射规律在照明、热技术中的应用。热实验室的主要工作仍然是为工业需要服务，进行的研究有水的膨胀公式、铂阻抗温度计和燃气的比热（这是德国工程师协会委托的研究，目的是了解燃气发动机的工作方式并改进它）。电学实验室的工作仍然是电学标准的制定和相应测量工具的构思。这一时期的技术部精密机械实验室从事精密机械的检测和校准。电学实验室形成了3个分支：高压、低压和电磁。实验室的工作除了常规的仪器检测，还在电气工业的新领域，如变相电、多相电等方面进行一些科学研究以求解决一些技术问题。他们还研制新的测量器具。热–压实验室进行了大量检测工作（例如温度计）。光学实验室对各种类型的灯具进行了光度测定，还有关于偏振针的研究。

瓦尔堡担任主席期间，物理部的热学实验室（它是物理部三个实验室中最大的一个）的研究工作有与温度计相关的研究、金属电和热的传导性、石英的膨胀问题等；电学实验室的工作有标准阻抗的测量和复制、银电压计的研究等；辐射实验室的纯科学研究又迸发出活力，重要的研究有对无线电波波长变化的研究，对X射线的研究。瓦尔堡对光化学的能量转化的研究也有重大进展。瓦尔堡和科尔劳施一样希望帝国物理技术研究所的辐射研究有朝一日能成为德国和国际光学主要标准的基础。帝国物理技术研究所在这一领域的统治地位在瓦尔堡时期得到了加强。（Brocke，1980）[59–62]

在瓦尔堡时期，技术部的主要工作仍然是为工业企业做检验和鉴定。精密机械实验室的很大一部分工作是研究为工业界提供高精度的块规（Endmaß）；电学实验室的工作有直流和交流设备的检验、对绝缘体的检测、弧光灯对一些物质的影响、电学测量工具和变压器的规范、一些物质的磁性研究等；热–压实验室的主要工作仍然是温度计的检测；光学实验室的任务仍然是各种灯具的光度学测量。（Brocke，1980）[63–65]

从帝国物理技术研究所三个时期的工作可以看出，它是一个主要为测量服务的工业研究所。虽然物理部也进行一些像黑体辐射之类的纯研究，但物理部的主要工作就是测量标准的制定和为工业服务的或直接为测量工具服务的物质检验。技术部的主要工作就是仪器、仪表的检验，它逐渐成为帝国物理技术研究所的主体机构，它的人员是物理部的两倍。

帝国物理技术研究所从事的研究多为科学界和产业界所关注，其原因在于它将物理、技术、工业和国家的各方需求联合起来，并且站在19世纪末20世纪初科学技术的制度创新的最前沿。它的运作方式也预示着“大科学”时代的先声已经到来。对于许多在科学界、技术领域和工业界二作的人来说，柏林的帝国物理技术研究所是年轻的德意志帝国在另一个领域里获得政治影响力和权威的一种象征。也许最能证明其成功的是它拥有众多模仿者，如英国的国家物理学实验室、美国的国家标准局，以及德国在1921年成立的帝国化学技术研究所。这种纯粹从事研究的运作模式还对另外两个机构产生了影响：一个是成立于1898年的哥廷根应用数学和物理促进协会，另一个是成立于1911年的威廉皇帝学会。（方在庆，2006）[38-40]

二、阿尔特霍夫体系

在国家介入科学研究方面，阿尔特霍夫起到了重要作用。意志坚定、手段灵活的俾斯麦是德国统一与崛起的关键人物，而执着的阿尔特霍夫对于19世纪下半叶的德国教育及科研的重大突破同样不可或缺。1882—1907年正是德国国力的跃升期，阿尔特霍夫为普鲁士大学和科学事务负责人，他权威、个性化的领导风格很容易让人想起俾斯麦。阿尔特霍夫削弱普鲁士大学的自主权，把大学纳入政府的管辖之下，使之为二业和社会服务；他改造普鲁士的科学研究体系，建立众多的国家研究所，使之成为大学之外重要的科研力量；他为普鲁士和德国构筑了一套现代化的教学与科研体系——阿尔特霍夫体系。（Vereeck，2001）[32]

阿尔特霍夫主要的工作地点先后为斯特拉斯堡和柏林。阿尔特霍夫在斯特拉斯堡大学工作了十年之久，主要负责大学行政管理工作。他以哥廷根大学和柏林大学为榜样，将斯特拉斯堡大学建成为一个标准的联邦大学，并且通过聘任优秀的德国学者和法国学者将斯特拉斯堡大学打造成德国科学的国际中心。这一计划有着特殊的政治背景，因为斯特拉斯堡大学位于法国割让的领土阿尔萨斯—洛林地区，德国当局意在使该大学成为化解民族对立的工具。阿尔特霍夫推广了研讨班，充实了学校理事会（Senate），把自然科学从哲学学院中分离出来，把政治—法学学院分成政治学院和法学院两个独立的学院。他还成功地为斯特拉斯堡大学打造了年轻优秀的教师队伍，他任命的教师（准确地说应该是“教授”，因为只有教授才需要国家的正式任命，并且是政府的公务员）平均年龄不到39岁。与此相比，当时德国大学教师的平均年龄是53岁，而柏林的教授的平均年龄是62岁。因为拥有一批充满创造力的年轻教师，斯特拉斯堡大学的医学院、政治和法律学院很快就成为最好的学院。阿尔特霍夫强硬的工作风格经常受到一些教师的诟病，新上任的州长对他也不太友好，把他推荐到文化部工作。没承想，柏林为阿尔特霍夫提供了更大的舞台。为了使普鲁士的科学和大学占据领先地位，他采取了多方面措施，取得了巨大成就。（Brocke，1980）[30]

1. 千方百计吸引优秀人才

人才，尤其是青年人才是科学体系中最为关键的因素。吸引最优秀的人才是提高科学研究水平和大学声誉的最简便的做法。鉴于普鲁士和柏林的特殊政治地位和经济上的优势，阿尔特霍夫能够把相当数量的学者吸引到柏林来，这其中既有早已获得教授职位且远近闻名的学者，也有青年学者。在对学者的选择上，阿尔特霍夫是一个自由主义者，不会因为民族和宗教信仰而区别对待。在对罗马天主教信仰的学者和未受洗的犹太学者的任命上，他比前任走得更远，一些持社会主义信仰的国民经济学家也获得了教职。

普鲁士大学任命教师的一般程序是，学院和校方提出一个候选人名单，一般包括三个人，教育部从中选择一人。在这种传统下，大学和学院掌握了主动权。出于自身小圈子利益，大学教师任命之中的“裙带关系现象”时有发生，知名教授往往推荐自己的朋友或学生出任空缺的职位，但是这些候选者并不一定是最佳的。阿尔特霍夫任职后对学校的推荐进行严格审查，有时甚至提出自己中意的人选。他的朋友也通过他的影响直接涉入了教授任命，在相关学科领域中有着很大的影响。蒙森（Theodor Mommsen，1817—1903）和哈纳克就是这种做法的典型代表人物，他们在古代史和神学领域的任命中各自有着举足轻重的影响。

阿尔特霍夫不断加大政府对大学的掌控力度，使之更为明确地为国家的全局利益服务。这些做法被认为是对大学自主权的粗暴干涉而遭到非议。被任命的青年学者则把阿尔特霍夫视为“拯救者”，典型的例子是对贝林（Emil von Behring，1854—1917）、科赫（Heinrich Robert Koch，1843—1910）和埃尔利希（Paul Ehrlich，1854—1915）的任命。

贝林最早在部队医院服役，后来来到普鲁士传染病研究所做科赫的助手，并成为主治医师。在此期间他发明了血清疗法，在医学治疗和科学上都具有重要意义。但是他要获得学术职位并不容易，他在马堡的任命遭到了大学的抵制，马堡方面曾拒绝了他三次。这一任命是在阿尔特霍夫的强力支持下才最终实现的。科赫自己也是在阿尔特霍夫的支持下来柏林任职的，并成为专门为他专门建立的研究所的所长。埃尔利希最开始在贝格曼（Ernst von Bergmann，1836—1907）手下工作，科研缺乏独立性，经常被使来唤去。阿尔特霍夫为他专门建立了一个研究所，埃尔利希获得了良好的工作条件，并发明了治疗梅毒的砷凡纳明。类似的例子很多，比如1893年，阿尔特霍夫任命天主教徒希策（Franz Hitze，1851—1921）为明斯特新建立的基督教社会学教授，但他连博士学位都没有，这显然突破了常规。兰普雷希特（Karl Lamprecht，1856—1915）在马堡的任命也是在学院的反对中实现的。（Brocke，1991）1901年贝林获得诺贝尔医学奖，接着科赫在1905年、埃尔利希在1908年获奖，这或许是阿尔特霍夫“慧眼识才”的证明。

到1914年第一次世界大战爆发为止，德国诺贝尔奖获得者中，绝大部分人都受到过阿尔特霍夫的提携，他因而又被称为德国诺贝尔奖得主的“导师”。

2. 积极推动科学与工业“联姻”

阿尔特霍夫执掌文化部的时代正是大工业时代的早期。第二次工业革命的特点是工业与科学技术的关系变得更加紧密，工业以科学技术的广泛应用为特征，同时工业的发展也推动了科学技术的进步。而且德国工业，特别是化学工业和电气工业的发展都与德国相关科学领域的进步有着直接的关系，所有这些使得包括皇帝在内的德国统治阶层对发展科学技术高度重视。他对工业界与科学界的“联姻”持鼓励和支持的态度，积极扮演富有阶层和工业家支持科学活动的推动者、引导者和联络人的角色。具有奠基性意义的是阿尔特霍夫仿效外国的科研项目资助模式，培育了德国私人资本和基金会组织。阿尔特霍夫发起建立的腓特烈皇后宫（Kaiserin-Friedrich-Haus）主要用于培训医生，为此成立的基金会拥有150万马克的基金会本金。他成立的《国际科学、艺术和技术周刊》（*Internationale Wochenschrift für Wissenschaft, Kunst und Technik*）受到鲍定谔和科佩尔基金会（Koppelstiftung）的资助。阿尔特霍夫还是克莱因成立的哥廷根应用数学和物理促进协会的重要推动者之一，这一协会的主要资金来源是工业家。（Füssl，2004）[53]

3. 创办了大学之外的科研机构

新的科研机构的建立是从两方面进行的：一方面在大学内部设立新的科研机构，这主要是指大量研讨班的设立；另一方面是独立于大学之外的国家研究所的设立。建立新的研究机构最直接的目的是为新学科的研究人员提供研究条件。新学科和研究领域不断产生，在大学的体制内为这些研究人员提供职位的可能性并不大。这些研究机构从一般性的教学任务中脱离出来，专门从事研究工作，那么建立国家研究所就成为一个必要的选择。在阿尔特霍夫任职期间，超过240个研讨班、临床课（Kliniken）和医学实验室及自然科学研究所建立起来或者扩建。1900年，阿尔特霍夫被选为医学界代表大会的主席，这使他对医学科学的教育和研究有了更大的影响力。在他的提议下，在科隆、法兰克福和杜塞尔多夫建立了临床医学科学院，这对医生的培养有着重要的意义。（Lischke，1990）[21-24]他是夏里特（Charité）扩建工程专员，这对柏林和普鲁士的医学研究和教育都具有重要意义。阿尔特霍夫科学政策的核心是达勒姆计划，即在柏林市郊的达勒姆建立一个现代科学中心，形成所谓"德国的牛津"。这一计划最终促成威廉皇帝学会的建立。

4. 政府介入大学和科学事务

阿尔特霍夫大刀阔斧地改革也造成了他与大学、大学教授之间的紧张关系，大学教授对他的批评持续不断。批评集中在他对大学"学术自主"的破坏和他的工作作风。教授在阿尔特霍夫眼中与中小学教师和档案管理员毫无差别，都是公务员，必须服从国家的需要接受调配。为了和阿尔特霍夫见面，教授有时要等几个小时，这对于习惯让别人等自己的教授来讲是难以接受的。（Brocke，1980）[13]在《一个经典物理学家的梦魇》一书中对此有较为生动的叙述。（麦克马克，

2004）

人们对阿尔特霍夫的批评主要集中在他对传统的破坏，把大学与政府之间的关系由松散变得紧密，即大学的“官僚化”。这实际上是20世纪大学发展的一个主要趋势，只不过在普鲁士较早发生。当大学和科学研究具有重大社会影响的时候，政府肯定要加强对它的管理与引导。另外，政府的拨款对于大学来讲越来越重要，大学与政府互有所求，这意味着大学原来所拥有的自主性要受到损害。这一变化在20世纪50年代以后的英美大学当中也发生了，当然不一定是在教授的任命问题上。同时，人们也不应把19世纪80年代以前的大学视为大学的理想状态。大学内的裙带关系、保守性和管理的松散都是不可忽视的问题，比如有些大学的博士答辩不需要提交论文，只需通过口头答辩就能获得学位。阿尔特霍夫的努力就是消除这些问题的一种尝试，也许并不是一个完美的尝试。

就他对普鲁士和德国的大学及科学发展所起的作用来讲，他可以与洪堡相提并论。洪堡的意义更多地在于他所提出的教育理念和他对建立柏林大学所起的作用。阿尔特霍夫虽然没有提出明确的理念，但他打造的普鲁士大学和科学体系更为高效和现代化。

阿尔特霍夫对大学的改造也被称为“大学的官僚化”，即大学频频受到政府干预，几乎变成了政府机构。洪堡提出的“学术自由”原则保障了大学内部事务，特别是学术事务不受外来力量的干扰，大学学术发展的原则是“为了科学自身的目的而研究”。政府为大学提供相对来说还算充足的预算经费，保证了大学的正常运作。但是这种保障的一个后果便是大学与社会的发展脱节。大学面对工业发展的需要和社会需要没有主动做出调整，仍然处于远离尘世的象牙塔之中。

在19世纪80年代普鲁士的综合性大学中，传统的优势学科，如哲学、法学、语言学仍然占据着主导地位。这些领域的教授们控制着学校，他们仍然抱着过去的纯科学观念，拒绝与现实接轨，新的自然科学和相应教授职位的设立在大学中受到抵制，克莱因在哥廷根大学开展技术教育和研究的努力屡受挫折就验证了这一点。很多大学的物理、化学等学科都是以研究所的形式被囊括在哲学学院中，而不能成立独立的学院，这限制了教授职位的数量和学科的发展。普鲁士大学的这些问题，仅靠大学自身是很难解决的。那么政府作为外部力量介入就是必需的，而阿尔特霍夫则是这种力量的代表。正是阿尔特霍夫等人的努力，普鲁士的大学体系才从以人文学科为重转向重视自然科学的发展的现代大学体系。

三、威廉皇帝学会

仅靠国家的力量显然不能满足科学技术研究迅猛扩张的需要。因此，在德国出现了一种“国家、私人资本力量以及对科学有兴趣的市民之间合作”推动科学研究的状况。在德意志帝国时期通过这种合作方式建立的各科研机构中，最著名的是威廉皇帝学会。

值柏林大学成立100周年之际，神学家哈纳克上书国王威廉二世，信中写道：“今天，科学已经发展到这样的地步：单独一个州已经无力再为它提供必需的财力和物力支持，政府、富豪与痴迷科学的个人之间的合作应该加强。只有这样，未来科学研究在物质方面才能得到有效的保障。”

1911年1月11日，威廉皇帝学会正式成立，首任主席为哈纳克。学会的宗旨是建立一些主要从事自然科学研究的研究所，使杰出的科学家可以摆脱教学的桎梏，专心致志地进行研究工作。威廉二世本人的号召对于学会募集款项起到了至关重要的作用，学会在短短几周内就筹集到一千多万马克。（王洪奇，1997）学会在柏林最早成立的研究所是化学研究所，哈恩（Otto Hahn，1879—1968）、迈特纳（Lise Meitner，1878—1968）和施特拉斯曼（Fritz Strassmann，1902—1980）就是在这里发现了铀的分裂。到1914年为止，这一学会之下建立了多个研究所。从特征来看，这些研究所大体上可分为两大类：一类主要是从事应用科学研究，如威廉皇帝煤炭研究所等。但最著名的则是第二类侧重于基础性研究的四大研究所，即威廉皇帝化学研究所、威廉皇帝物理化学研究所、威廉皇帝实验治疗和劳动生理研究所、威廉皇帝生物学研究所。鼎盛时期，学会拥有44个研究所、实验站、研究组，其中包括在国外建立的5个研究所或附属机构。

至于研究经费，在很大程度上依靠各方面的捐赠，特别是工业界的资助。据统计，在对威廉皇帝学会的捐赠中，工业界占47.5%，银行界占29.0%，商业界占7.3%，农业界占5.0%，其他占11.2%。而工业界的资助也通常是与自己对口的研究领域。例如，威廉皇帝化学研究所的资助主要来自各化学工业巨头，而煤炭研究所等则完全是在煤炭工业巨头们的资助下建立起来的。威廉皇帝学会是国家保护下的一种“科学和大资产阶级的创造”。（邢来顺，2003）[77]

学会在哈纳克的领导下，逐渐形成了“让科学天才来主持新的研究所”的传统。曾经担任威廉皇帝研究所所长的科学家包括爱因斯坦、哈伯、海森伯等。在学会存在的短短37年间，有15人获得诺贝尔奖。

第四节　科技服务国家重大战略——以合成油为例

一、“科学成为宗教”

自19世纪60年代至20世纪初，德国民众广泛相信经验的或实证的科学，确信人类可以理解自然、控制自然力量。1865年，细胞病理学的创始人微耳和（Rudolf Virchow，1821—1902）在德意志自然科学家和医生协会第40次代表大会上宣称“科学已经成为一种宗教”；著名生理学家迪布瓦·雷蒙把自然科学看作“世界的征服者”；1911年，化学家费歇尔（Hermann Fischer，1852—1919）在威廉皇帝学会成立仪式上说，未来并不依赖于对殖民地的征服，而在于“化学及其应用，或者更广义地说，所有自然科学才是我们未来的无限机遇所在”。在公开场合，许多科学家都宣称他们对科学进步以及科学潜力有信心。直到第一次世界大战爆发，这些都是科学界和工业界的主流看法。（斯特恩，2004）[5-6]

自19世纪中期开始，德国工业化进程加速，人口不断增多，自然资源不足的问题逐渐凸显。虽然拥有丰富的煤炭和人力资源，但缺少其他原料和大片肥沃的土地，德国科学家从未停止通过科学、技术途径解决这一问题。

哈伯是个“伟大的爱国者”，哈伯—博施法成为德国军备得以苟延残喘的基础：如果没有合成氨的稳步增长供应，德国军火和化肥生产早就被扼杀了。（斯特恩，2004）[83] 一战爆发后，哈伯领导的威廉皇帝学会物理化学研究所接受政府支配，从一个纯学术研究机构转变为化学武器研发中心，研究所的编制猛增至1500人，预算增加了50倍。物理化学研究所就像一个工业实验室，不仅生产新式毒气、毒气弹、防毒面具和其他防御设备，还投入力量研发有效发射毒气弹的方法，以及使用化学武器的有效策略。哈伯的所作所为带来了许多负面的、意想不到的后果，其中对他影响最大的是他持和平主义观点的妻子的自杀。尽管如此，他还是心甘情愿地继续为德国皇帝研发武器，对德国忠心耿耿。类似哈伯这样的科学家并不在少数。（方在庆，2004）[62]

哈伯

一战期间，德国科研人员为缓解粮食严重不足的问题，研究利用生物技术培养酵母菌来生产蛋白质。由于这种酵母蛋白经压榨后酷似猪肉，所以被称为“人造肉”。“人造肉”大大缓解了战争期间德国的食品压力。

一战后，当魏玛共和国面临内外交困的时候，德国科研人员希望通过科学技术手段助国家一臂之力。他们尝试利用生物技术增加农业产量以解决饥荒问题；用高压合成方法生产合成橡胶、合成纤维、化肥、甲醇、乙醇等，缓解原料不足和外汇储备缺乏问题。根据《凡尔赛和约》，德国需赔偿1320亿马克，哈伯建议从海水中提金筹款并获得政府支持。哈伯带领调查船纵横大西洋，经过1年多的搜寻、实验，颗粒无收。

二战爆发前，德国再次开始生产酵母蛋白，放弃合成油研究的贝吉乌斯1933年后进行了合成食物技术的开发改良，研究利用廉价易得的原料制取人造肉的方法，生产单细胞蛋白的原料范围因此大大增加了：一是糖质原料，如淀粉或纤维素的水解液、亚硫酸纸浆废液、制糖的废蜜等；二是石油原料，如柴油、正烷烃、天然气等；三是石油化工产品，如醋酸、甲醇、乙醇等；四是氢气和碳酸气。贝吉乌斯合成食物的方法利用最多的原料是可再生的植物资源，如农林加工产品的下脚料、食品工厂的废水下脚料等。这些资源数量多，且用后可以再生，还可以实现环境保护。二战期间，德国利用亚硫酸纸浆废液大量生产单组胞酵母蛋白作为军需蛋白质食品，最高年产量达5万吨。这是一种行之有效的手段，战争中各国群起仿效，英国也开始生产酵母蛋白，其含量比德国的高，味道也比德国的好。美国也着手生产酵母蛋白，并将它混合在食品中食用。

除了人造肉，德国科学家还开发了人造橡胶。一战期间，迫于橡胶匮乏的压力，德国科研人员采用二甲基丁二烯聚合而成甲基橡胶，这种橡胶可以规模化生产，且价格低廉。战争期间，德国共生产了2500吨甲基橡胶，尽管这种橡胶的耐压性能不理想，战后便被淘汰了，但它毕竟是第一种具有实用价值的合成橡胶。1930年，德国科学家将丁二烯作为单体，金属钠作为催化剂，合成了丁钠橡胶，它的性能已十分接近天然橡胶。德国科学家还发明了合成纤维代替进口棉花和羊毛，甚至发明了合成黄油、合成巧克力以及合成咖啡。虽然德国的自然资源少得多，但在战争的大部分时间，他们却能够在技术上和军事上掌握主动权。因此，战争，也只有战争才能使各国政府痛感科学研究在现代经济中的极大重要性，英国通过成立科学和工业研究部而公开承认了这一点。（贝尔纳，2003）

工业革命以来，各国竞争中，技术所起的作用越来越大，技术的功能已经超越了人与自然的界限，更多地被作为政治斗争的工具，如军事技术显示国威，民用技术显示国力，因而，其发展也显示了技术国家主义和技术政治化的趋向。所谓技术国家主义就是关于技术的民族共同意识或共同意志，实际上它更突出地体现在各国政府对技术的重视和支持上。（陈凡，1995）二战之前，国家对技术发展的计划和方向一直采取自由放任的态度，直到二战，国家才第一次致力于有关技术的研究开发规划。战争作为一种流血的政治，它的需要已成为国家支持技术的主要原因。（Michael et al.，1988）德国政府大力支持法本公司开发合成油是国家倚重科学技术，并推动其发展的典型案例。

二、法本公司开发合成油

德国是一个多煤少油的国家。20世纪初，随着轿车、卡车、飞机和使用柴油发动机的远洋轮船的出现，对石油的需求持续增加。当时，德国石油控制权被美国洛克菲勒标准石油公司把持，作为标准石油公司的子公司，德国石油公司的销售额占德国全国石油销售总额的91%，德国急需建立独立、安全的石油供给体系。（恩道尔，2008）[44] 为获得石油，德国计划修建一条连接柏林与巴格达的铁路，将波斯湾的石油源源不断地运回德国。但这将不得不与英国产生利益冲突，英国当局认为，英德两国在世纪之交开战的真正原因便在于此。（恩道尔，2008）

第一次世界大战进一步凸显了石油的战略价值。战争后期，位于里海之滨的巴库油田成为德国人扭转战局的救命稻草，但英国军队抢先摧毁了巴库的产油工厂、输油管和油库。巴库断油对德国是致命打击，它在几周之后便缴械求和了。战争的失利固然有军事战略错误的因素，但石油资源缺乏是主要原因之一。一战失利暴露了德国的石油危机，也揭示了石油这种新能源对国家军事与经济安全至关重要的作用。一战后期，将煤炭资源转化为液体燃料已成为德国科学家和工程师的首要任务。（Krammer，1978）[394]

最早成功合成燃料的是德国化学家贝吉乌斯（Friedrich Bergius，1884—1949）。获得化学博士学位后，贝吉乌斯在能斯特的指导下进行了一年的研究工作，后来又在卡尔斯鲁厄工学院与哈伯一起进行了半年的研究工作。与大师共事使贝吉乌斯有机会接触到先进的高压和氢化技术，他决定在这个“前途广阔的新领域”钻研下去。1925年，贝吉乌斯将1吨煤氢化后可得490—650千克液体，包括汽油、柴油和润滑油，售价可达141马克，而成本只有71马克。（Stranges，1984）[649]

1927年，贝吉乌斯的煤氢化技术已经比较成熟，并且显示出良好的商业前景。但贝吉乌斯仍然未能彻底解决两个问题：一是没有研究出不同催化剂的反应效果；二是生产过程是同一步操作，即煤的氢化和裂解成合成油在同一步骤内发生，因此汽油产出较少，质量较低，还要炼制，否则很难与天然石油竞争。一战后德国严重的通货膨胀、国际石油价格暴跌以及被位于鲁尔河畔米尔海姆（Mülheim an der Ruhr）的威廉皇帝学会煤炭研究所所长F.费歇尔（Franz Emil Fischer，1877—1947）无休止地批评，最终迫使贝吉乌斯将专利卖给德国化学巨头法本公司。

法本公司在20世纪20年代对合成燃料产生兴趣。1925年，法本公司与贝吉乌斯签署协议，贝吉乌斯停止对煤氢化的进一步研究。1926年，法本公司研发主管皮尔（Motthias Pir，1882—1965）发现了可以加速生产进程的催化剂，进一步优化了贝吉乌斯的操作流程。突破技术障碍后，法本公司于1927年在洛伊纳建立起大型合成油工厂，每日可产2000桶石油。虽然产量不大，但使德国看到了石油自给的希望，德国外交部部长施特雷泽曼（Gustav Stresemann，1878—1929）曾于1927年表示："如果没有法本公司和煤炭，我将无法开展外交活动。"（Hughes，1969）[123]

洛伊纳工厂规模不断扩大，至1932年，它已成为世界上最大的化工厂，在方圆3千米的范围内，密密麻麻地耸立着600座厂房等建筑物。（Hayes，1987）美国标准石油公司工作人员对法本公司的规模十分惊讶，"直到亲眼看见之后，我才明白研究意味着什么。若与我所看到的工厂相比，我们是些小孩子。""虽然采用煤的氢化法在经济上也许永远无法与原油匹敌，但'民族主义因素'会使氢化法成为保护其制造业的基础，有许多国家愿意付出这样的代价。"（耶金，1997）[379]

可以想象，在经济萧条时期，这一资金密集型与资源密集型的"高技术"没有政府的资助是不可能取得发展的。事实证明，法本公司总经理博施不仅是一名出色的化学家，也善于与政府打交道，他为法本公司的生产争取了有利的政治条件。从1927年开始，德国政府便通过降低国内石油企业税率及在铁路运输方面给予优惠的方式支持合成燃料生产。此外，德国国防部军械办公室主任托马斯也敦促军方在必要时以资金支持企业生产德国不能获得的原材料，比如"洛伊纳的石油"（Leunabenzin）。1931年，法本公司前董事会成员瓦尔姆波尔德（Hermann Warmbold，1906—1976）出任布吕宁内阁经济部长。在布吕宁执政期间（1930.3—1932.5），政府对每升进口石油征收16芬尼关税，这也是欧洲最高的石油关税。尽管这样，合成油仍然没有竞争优势，即便法本公司将每升的成本降至预期的20芬尼。

其实法本公司已举步维艰，美国得克萨斯州东部发现新油田导致石油价格暴跌，世界石油市场每升汽油5芬尼，而合成汽油每升达40—50芬尼，出售价格为30—35芬尼。（Hughes，1969）[121-122]此外，1926—1932年，法本公司在合成油方面的投资超过1亿马克，继续研究还需4亿马克，这给法本公司、博施及其他相关人员造成了巨大压力。虽然美国标准石油公司给法本公司提供了大量资金，但仍无济于事。法本公司一些经理说，整个计划应该放弃，另一些人则回答说，维持这项计划的唯一理由是终止计划所造成的损失会超过维持计划所需的费用。

布吕宁政府倒台后，法本公司与政府签订了新的保护协议，但过高的关税引起了社会不满，欲从政府获得进一步支持希望渺茫，于是，法本公司开始向纳粹党靠拢。法本公司的煤炭液化生产完全符合希特勒为新德国制订的总体计划，希特勒表示坚决支持合成燃料生产，保证一旦纳粹执政，将延续对合成燃料的关税保护政策。希特勒说："今天，对于一个希望在政治上保持独立的德国来说，一种没有石油的经济是不可思议的。因此，德国自己生产石油必须成为现实，尽管此事必须做出种种牺牲。因此，继续进行煤的氢化工作是迫切需要的。"（耶金，1997）[395]

1933年12月，法本公司与德国政府签订战略合作协议，被称为费德—博施协议（Feder-Bosch-Abkommen）。根据协议，政府将在考虑合成油成本的基础上，给合成油一个合理的市场价格，并保证其市场，而法本公司要在1935年12月31日之前将年产量提高至35万吨。（Hughes，1969）[130]

希特勒在1936年9月举行的纽伦堡纳粹党代表大会上宣布了一项庞大的战争经济计划——"四年计划"，为了隐瞒其重新武装的真实意图，会上只宣称“在四年之内，德国必须摆脱对所有外国原料的依赖，这些能由德国的才能、我们的化学和机器工业以及我们的矿山来提供。”但该计划的备战意味格外浓厚，因为作为一项经济政策，它的实际领导人却不是当时的经济部长沙赫特（Hjalmar Schacht，1877—1970），而是航空部长戈林。

合成油工业在“四年计划”中居于核心地位，其产量预定增长六倍。政府对合成油生产给予充分支持，征用大量土地、钢铁和劳动力来建造一大批炼油设施。每个工厂都是一个巨大的工程项目，这就要求各大工业公司与纳粹政府充分合作。法本公司率先迎合纳粹意识形态，到1937—1938年，它已经彻底纳粹化了，公司总经理克劳赫（Carl Krauch，1887—1968）担任“四年计划”执行机构——帝国经济扩张办公室（Reichsamtes für Wirtschaftsausbau）主任。公司所有犹太人都被解职，反纳粹的董事长博施被搁置一旁，董事会中其他还不是纳粹党的成员则争先恐后加入纳粹党。（耶金，1997）[401]“四年计划”中90%的资金用于化学工业，法本公司独占其中的70%，法本公司将绝大部分资金投入合成油领域。（Stokes，1985）[272]很多历史学家认为，“四年计划”也就是“法本计划”。（Petzina，1968）[162]

鉴于即将爆发战争，德国上下都在贯彻战时经济策略，希特勒下定决心摆脱战略资源的对外依赖状况。（Petzina，1968）[36]在此之前，德国已经有5座煤氢化工厂，其中一座位于鲁尔区的寿尔芬（Scholven），以含沥青煤为原料，另外4座分别位于德国中部的洛伊纳（Leuna）、伯伦（Böhlen）、马格德堡（Magdeburg）和蔡茨（Zeitz），工厂普遍靠近褐煤产地。1937年，他们共生产了480万桶不同规格的石油制品。（Birkenfeld，1964）[225]

1937年，德国制订了新的石油增产计划，其中重要的一项是大幅度提高航空用油产量，可以相应减缓其他油品生产。为了完成该计划，在扩建寿尔芬和蔡茨的工厂的基础上，德国准备在18个月内分别在鲁尔区的盖尔森基兴（Gelsenkirchen）、韦尔海姆（Welheim）和韦瑟灵（Wesseling）以及在波罗的海沿岸的波利兹（Pölitz）新建4座新的合成油工厂。考虑到当时德国的实际状况，在如此短暂的时间内建造4座新工厂是不现实的，但更不切实际的是12座费—托法合成油工厂的建造时间表，它们被要求在1938年4月全部竣工。其实当时费—托法还并未成熟，生产的油品品质低下。1938年夏天，合成油的生产计划再次调整，更大规模的军备计划需要更多石油。戈林号召合成油工厂力争在1942—1943年生产8800万桶各类燃料和润滑剂，但不久之后，德国领导人就发现如此大规模的增产计划需要足够的钢材、资金和人力制造新设备和厂房，但当时德国经济捉襟见肘，根本不可能满足这一要求。“四年计划”经过一改再改之后，最终于1939年1月形成最终部署——到1943年合成油产量要达到 6800万桶。各种油品的需求量都做了下调，唯有航空用油的产量坚持不变，100%完成戈林最初规定的数量。煤炭液化为德国空军提供了急需的燃料，自然受到格外重视。（Birkenfeld，1964）[113-114]

三、合成油在战争中的作用

1939年9月1日入侵波兰时，德国已有14座合成油工厂运转，6座在建，但工程建设速度缓慢。这不仅是因为原材料大都被直接用于武器生产，而且进口原油及新油田的发现也缓解了德国石油的紧张状况。1938年4月，德国吞并奥地利后在维也纳盆地发现新油田，每年可生产567万桶原油。（Krammer，1978）[394]直到轴心国在苏联和北非都已被击败，德军欲攻克巴库或中东油田的企图已成为泡影之时，德国不得不更加依靠国内的资源，合成燃料成为它维持战争机器的核心。此时，军备部开始加大合成油工厂的建设力度。1942年，德国元首任命施佩尔为军备部长，这位曾经负责建造“千年帝国”不朽辉煌纪念物的建筑师，证明了自己非常擅长处理在工业方面各种更为紧迫的问题。在他任职后的两年半内，德军飞机、武器和弹药的产量增长3倍以上，坦克产量增长近6倍，德国工业产量在1944年6月达到战时最高水平。需要指出的是，这是在盟军对生产目标进行大规模轰炸中实现的。

合成油工业像其他工业一样，上升势头迅猛。到1942年，合成油工业取得显著进步——更新生产技术，改良催化剂，产品品质提高，原料范围扩大，产量迅速上升。1940—1943年，合成油产量增长近1倍，从日产7.2万桶上升到12.4万桶。1936年，也就是纳粹上台执政的第4年，德国进口了3650万桶石油，占国内总需求量的70%。而到1944年第一季度，25家工厂每天可生产12.4万桶合成燃料，加上国内原油产量，德国燃料自给率达72.3%，德国航空煤油的95%由贝吉乌斯氢化法提供。1938—1945年间，德国共生产1.28亿桶合成油，占石油总产量的一半。当时德国曾经流行一句话：要化学不要殖民地！战争临近结束之时，德国仍规划在西里西亚和苏台德地区建立两座年产量为700万桶的合成油工厂。

在现代工业国家中，没有哪个经济部门的衰落可以对整个经济的下滑产生决定性的影响。但在战时的德国，石油工业部门的衰落无疑是其经济崩盘的关键因素。对高压、氢化技术的成功应用曾帮助德国经济快速发展，一旦这些工厂遭到攻击，它又会加速德国经济的衰败。在战争的最后阶段，希特勒也认识到了这一点。在一次众多帝国经济要员出席的会议上，希特勒说：“在我看来，合成油、合成橡胶与合成氨工厂代表了战争中异常敏感、薄弱的环节，因为众多极端重要的战备物资集中在这一小撮工厂生产。”（Speer，1970）

1944年5月，盟军开始对德国工业设施进行密集轰炸，合成燃料工厂成为主要空袭目标。美军总司令斯帕茨（Carl Spaatz，1891—1974）指出：“美国空军首要的战略任务是阻止德国空军获得燃料。”（Stokes，1985）[272]

1944年5月12日，一支包括935架轰炸机以及护航战斗机组成的空军战斗编队轰炸了5座合成油工厂，其中包括洛伊纳的法本工厂。当施佩尔得知工厂遭轰炸后，向希特勒汇报说：“敌军已经在我们最薄弱的要害之一进行攻击，如果他们坚持这样做，我们很快就不会再有什么值得一提的燃料生产了。”盟军对德国合成油工厂的轰炸一直持续到1945年春天。施佩尔要求尽量将生产设施疏散到较小的、更易于保护和隐蔽的地点——有些转移到被毁坏工厂的残垣断壁里，有些迁入坑道，有些转入地下，甚至酿酒厂也改产燃料了。在一项紧急疏散计划中，德国曾试图建造7座地下合成油工厂，但最终却一座都没建成。在方案设计之初，就有不少人反对，他们认为地下工厂还没建完，德国可能就已经胜利了。1944年7月，德国实施“杜鹃计划”，占地面积为80万平方米的地下合成燃料工厂动工建设，但直到二战结束也没完工。（Miller，2006）[314]

德军军备部原计划1944年大幅提高合成油的生产能力，但此时那些为增产而准备的机器部件，不得不拆来修复被毁设施，35万余名外国劳工从事这一忙乱的任务。有条不紊的修复和生产是合成油供给的先决条件，但盟军并没有给德国人喘息的机会。轰炸之初，经过6—8周的修理工厂便可恢复生产，但此后工厂会再度遭到空袭，变得更加支离破碎，更加难以修复，产量开始急剧下降。1944年5月第一次空袭之前，德国合成油工厂平均日产9.2万桶燃料，到9月份，产量已降至日产0.5万桶，航空煤油产量下降幅度超过90%。

合成燃料工厂不仅为德国空军提供高级航空煤油，也提供了绝大多数的机动车用汽油、柴油，99%的合成橡胶，几乎全部的合成甲醇、合成氨、合成硝酸。（Miller，2005）[314]就像施佩尔警告的那样：如果轰炸持续下去，各项工业生产缩水将更加严重，最后的战略储备将会消耗殆尽，支持这场现代技术战争的关键物资将不能满足最重要的地方。当合成燃料工厂不再能够生产时，德国也就没有了希望，战败的时间甚至可以精确到某一天。这与德国空军总参谋长米尔希（Erhard Milch，1892—1972）在1943年夏天的预言惊人的相似。米尔希认为，煤炭氢化工厂是德国最薄弱的一环，它们的存亡将决定德国是否能够将战争继续下去，如果它们遭到攻击，不仅飞机不能起飞，坦克和潜水艇也将成为摆设。

合成油工厂遭受空袭的同时，苏联占领了罗马尼亚的普洛什特油田，希特勒失去了主要原油来源。此时德国武器生产处于高峰水平，1944年飞机产量为39807架，坦克产量为18401辆。由于油料不足，德国飞机和坦克的实际利用率越来越低，作战能力受到很大制约，战争后期许多飞机和坦克生产出来后便停在那里。喷气式战斗机在1944年秋季投入作战飞行中队，这项划时代的技术革新本可以使德国空军取得显著的优势，但这种先进的“第二代”战机却不能升空。德国空军只能依靠其最低需要量的十分之一的汽油作战，而新飞行员的飞行训练时间是正常的三分之一，空军陷入致命的困境之中。而在意大利战场挣扎的德军不得不将每辆卡车套上4匹公牛拖着缓慢前行，这是使卡车移动的唯一办法。（耶金，1997）[418]

由于合成油工厂被摧毁，又无法进口石油，没有了“战争血液”

的德军“机械怪兽”变得奄奄一息。施佩尔对德军战败耿耿于怀，他坚称：“如果隆美尔的机械化部队不缺燃油，战争的结局将不一样。德国是因为没有石油而输掉了战争。”事实证明，德国失败的原因是多方面的，并非如施佩尔所言是由缺乏石油所致，但毫无疑问，缺乏燃料使德国机械化部队能动性大大降低，这是其失败的重要原因。

煤炭液化技术的发展过程，充分体现了科学社会学家本-戴维（Joseph Ben-David， 1920—1986）指出的下列情形：一种有关内在的科学因素和外在的军事-政治考虑的混合动机激发了政府对科学研究的刺激。一方面，以前积累起来的成功创造了许多加速科学进步的机会；另一方面，政府对科学研究有了新认识，认为它有实际的或潜在的政治与军事效益。提供给科学的新机会使政府能够容易地解决应该资助哪些研究，以及在什么水平上支持这些研究。（戴维，1988）[342-343]

纳粹执政之初便实行扩军备战的国家政策，立足国内生产重要战略原料（橡胶、石油等）的自给自足思想贯穿其中。政府对军备产业的支持完全出于政治目的，几乎与经济无关，关系自给自足的行业尤其受到军方大力支持。1919—1945年，石油问题——生产、进口、人工合成、贮存、配给、消耗是德国第二大问题，仅次于政治。（Krammer，1978）[394]

1936年，纳粹实施“四年计划”，石油问题居于该计划核心地位，起初因原油价格下跌而丧失市场竞争力的煤炭液化技术起死回生，政府对进口石油征收重税使合成油变得有利可图，对合成油巨额资金投入为其快速扩张提供了保障。1944年初，25家煤炭液化工厂每天可生产12.4万桶合成油。二战期间，合成油占德国用油总量近一半，加上国内原油产量，德国石油自给率达72.3%，德国航空煤油的95%由贝吉乌斯煤炭液化法提供。当然，合成油工厂的产品不仅包括喷气式飞机煤油、一级航空煤油、普通航空煤油，还包括石脑油、煤气、乙烯、丙烯等重要物资，无论是以发动机燃料为主要产品，还是以生产化工产品为主，合成油均有替代和补充石油短缺的重大战略意义。

第四章

二战后德国创新体系的形成与发展

第二次世界大战（以下简称二战）后，德国在满目疮痍的废墟上创造了“经济奇迹”（Wirtschaftswunder，the German Miracle），重新崛起为经济、科技与文化的大国，其高速度、高质量的发展再次令全世界瞩目。

世界反法西斯战争的胜利使得“大德意志帝国”（Großdeutsches Reich）妄图称霸欧洲甚至世界的野心灰飞烟灭，德国也被肢解为两个国家——联邦德国和民主德国。战后，德国社会与经济几近崩溃：几乎所有的重要城市都被夷为废墟，许多机器和厂房被摧毁，交通陷入瘫痪，财政金融混乱不堪，大量优秀人才流失海外，这个一度“强大”国家的民众因住房与生活日用品的短缺而不得不面对温饱的问题，德国人为之努力了近百年的现代化几乎毁于一旦。

如何建立一个“新”的德国？按照1944年美国制订的“摩根索计划”（The Morgenthau Plan），惩罚德国的目的，在于令其“非工业化”——彻底摧毁其工业基础，确保不能再威胁世界和平，为此不惜让德国分裂并使之成为一个农业国。（Dietrich，2002）因多种原因，美国最终放弃了建立一个“虚弱的德国”的打算，在美苏争霸的大格局中转而支持旨在帮助欧洲复兴的“马歇尔计划”（The Marshall Plan）。（Hogan，1989）尽管“马歇尔计划”的作用存在争议（Berger et al. 1995），但是对德国的影响至少体现在四个方面：在德国恢复经济的初期起到“输血”的作用；保留了德国相当一部分可用于和平生产的工业基础；伴随着原有的垄断被打破，一批新兴企业迅猛发展；德国的发展被纳入到直接受美国影响的范围。随着“冷战”中美苏对峙的加剧，美国取消对德国发展经济的限制性规定，并且提供大规模的经济援助（吴友法等，2000）[510]，德国逐渐获得了一个正常国家的待遇。

德国政府较好地把握了战后有利的外部因素。在创造“经济奇迹”的过程中，其众多内部因素所发挥的作用同样功不可没：德国抛弃了“军国主义”‘纳粹”等历史包袱，确立了基于民主与法制的新文明，融入世界发展的主流之中；在一定程度上保存的工业体系，以及遍布全境的各种官方与私营的科研机构、完整而发达的教育体系、高素质的劳动者。正是基于内外双重因素的推动，战后德国才得以快速腾飞。从1950年至1966年，德国的国民生产总值、人均工业生产总值、人均国民收入等指标均仅次于美国，远超英、法等国，工业品出国额与外汇储备更是多年居于各国之首。在发展经济的同时，德国建立了相对完善的政治制度、法律制度和社会福利保障体系，并且实现了国家的统一。一个现代化的新德国在国际事务中扮演着越来越重要的角色。

从工业化和现代化的角度来看，德国一度是“后发国家”。如果说德国在19世纪的工业化和现代化主要是对英国的学习、追赶和超越，那么20世纪中下叶的“经济奇迹”实际上标志着德国在现代化进程中完成的又一次成功转型，只不过更多地以在新科技革命中独占鳌头的美国为学习和追赶的对象。虽然对此过程存在多种解释和评价，但学术界有一个共识——发达的科技和教育事业对德国的现代化转型发挥了重要的作用。有一个数字是至关重要的——在德国经济和社会高速发展的同时，德国的“教育支出”从未低于国民生产总值的10%！（Hardach，1981）如果考虑德国在全球基础科学和主要工业领域长期保持的突出地位，其完整的产业体系、规范的市场经济体系和优质的人力资源所拥有的巨大潜力，以及逐渐形成的高效的“研究—教育—产业”创新体系，那么将科学与文化视为转型过程中的“秩序力量”，无疑是恰当而令人深思的。（何梦笔，2000）

第一节　德国式的“研究—教育—产业”创新体系

战后一度窘迫的经济和社会状况并未使德国放弃科技与教育优先发展的战略，相反，加强基础科学研究，促进技术进步，为经济重振和文化转型奠定了基石；科学、技术和教育对经济增长的贡献得以显现。作为结果，蓬勃兴盛的科教事业为德国的转型提供了动力和支撑。德国科教体系既有其自身的特色，又非一成不变，而是在保留和延续了传统的同时，不断地尝试、调整和改变，以适应科技高速发展和全球化的需要。

一、德国“科研—教育”综合体的形成与发展

二战结束后，通过几十年的发展，德国的科教体系逐渐形成了一个鲜明的特色——科研与教育形成了一个紧密结合的综合体，作为国家创新体系的引擎，为未来的科技发展、国际合作与竞争做充分的准备。

1. 相关法律与政府职责

科技和教育的制度保障受到德国法律的保护。1949年通过的《德意志联邦共和国基本法》（*Grundgesetz für die Bundesrepublik Deutschland*）（以下简称《基本法》）的第一章“基本权利”中，明确人人享有“艺术、科学、研究和教学自由”；第七章“联邦立法”中确定法律保护“促进科学研究”。虽说在字面上，有关条款是对早期宪法，诸如《普鲁士宪法》（*Verfassungsurkunde für den Preußischen Staat*）（1850）和《魏玛共和国宪法》（*Die Verfassung der Weimarer Republik*）（1919）的继承，但是经过纳粹时期对学术研究的严厉管控之后，德国需要举起和捍卫学术自由的旗帜。事实上，自《基本法》颁行以来，德国法律从未忽视对科教事业和学术自由的保护。

自由研究并未导致科研机构、高等院校和学者忽视国家和社会的需求，也不意味着政府放弃在长远规划和资源分配中应承担的责任，

德国在科研的组织机构、领域分工和政策制定等方面形成了一套相对完善的协调机制。

德国的科学技术与教育体系强调规划和执行，联邦政府和州政府在相关事务中承担着重要职责。具体来说，政府主要以宏观决策者、投资者的身份参与到科教事业的发展之中。但是，不论是决策还是投资，政府并不大包大揽，而是有意维护研究机构与高等院校的学术独立性，引导和发挥社会各界对科教事业投入的热情。学术机构的组织管理按民法注册机构进行，政府的影响只局限于宏观调控。德国政府张弛有度的做法，既稳定了德国的科研与教育发展所需的资金与政策，又要确保研究和教育机构有足够的学术自由。

在决策和投资的过程中，政府往往将研究与教育放置在一起综合考量，这就使得德国的科研机构与高等院校形成了相互补充、相互倚重，各自发挥独特优势的局面。科研机构在偏重研究的同时，也利用平台资源培养和训练后备人才；高等院校以培养各类高素质生力军为主，同时也积极开展多种基础性与应用性的研究。

2. 德国科研—教育体系的管理机构

在组织上，德国的科研与教育各部门及机构之间不是简单的条块分割式管理，而是采用了一套相对复杂的管理模式，科研与教育也被视为一个有机的整体。在政府层面设立的几个重要的机构中，德国科学顾问委员会（Wissenschaftsrat）、联邦教育与研究部（Bundesministerium für Bildung und Forschung，缩写BMBF）、德意志研究联合会（Deutsche Forschungsgemeinschaft，缩写DFG，又译为“德国科学基金会”）和科学联席会议（Gemeinsame Wissenschaftskonferenz，缩写GWK）等机构的地位与作用尤为突出。

德国科学顾问委员会成立于1957年，是国家在科学与教育领域最重要、最权威的政策咨询和评估机构，也是欧洲出现的第一家类似的组织机构。其主要职责是对科研和教育的结构性与方向性问题提出建议，所设评估委员会对科研机构与高等院校的研究或教育成效做出评估。尽管责任重大，但该委员会机构并不庞杂，它分为科学和管理两个组，分别由32名科学委员和22名管理委员兼职担当。其中，科学组中有3/4即24人是由学术机构推荐的职业科学家，其余则是由联邦政府和各州政府推荐的企业技术主管、大学教授、科学家或公务员。管理组有22名委员，主要是来自联邦政府或州政府科教主管部门或相关机构的负责人。该委员会成立以来，对全国科教事业主要的贡献有：20世纪六七十年代确立科研体制与高校体制；提出科研政策和高校政策的改革建议；德国统一之后，对新联邦州的高校改革提供专家建议。德国科学顾问委员会是一个专家学者与政府官员共同参与的平台，前者多数来自科研一线，而后者几乎都是科教部门的在职主管。不论是从人员构成上，还是在实际操作中，专家学者的意见都能得到充分的尊重，而政府的施政意愿也有较好地体现。

联邦教育与研究部是一个统管全国教育与科研的政府机构，部长是联邦内阁的重要成员。历史上，该部的名称和职责几经变化，其前身是成立于1955年的联邦原子能部，后改称联邦科研部（Bundesministerium für wissenschaftliche Forschung）。借此，联邦政府尝试规划和协调全国的科研。在1969年宪法修正案强调加强教育规划与科研投入之后，教育与科研统一归口，在科研部的基础上成立联邦教育与科学部（Bundesministerium für Bildung und Wissenschaft）。联邦研究与技术部（Bundesministerium für Forschung und Technologie）也于1972年成立，以协调和推进基础研究、应用研究和技术开发。这两个部于1994年合并，启用了延续至今的名字。教育与科研部的成立不是简单的名称与机构的合并，而是德国统一科教体系的直接表现。“教育奠定人一生的基础，科研在各领域开创前所未知的机遇，教育与研究需要面向未来。”“许多研究成果或具有重要的经济意义，或是未来参与国际竞争的关键基础。”如何迎接未来的挑战与机遇，是该部制定政策时考虑的根本性问题，而支持创新、重视青年人才、加强国际合作都被列入到核心任务之中。其下设的7个部门涉及的领域分别为：战略与政策问题、教育与科研的欧洲及国际交流、职业培训与终身学习、科学系统、关键技术与创新研究、生命科学与卫生研究、面对未来的基础研究与可持续发展研究。从中不难看出，德国政府对未来科技发展和国际竞争的判断与应对策略，以及对科教体系所寄予的期望。（Weingart et al.，2006）

德意志研究联合会（“德国科学基金会”）是德国最大的研究资助机构。1951年成立时，它合并了早先的两家科研资助机构——德国科学紧急协会（Notgemeinschaft der Deutschen Wissenschaft，1920年成立）和德意志研究会（Deutscher Forschungsrat，1929年成立）。其合作成员包括多家大学、研究机构，以及地方科学院和科学协会，几乎囊括了全国最有影响力的高等院校和公立研究机构。联合会的经费主要来自联邦政府和州政府，作为一家不隶属于政府部门、享有高度自治权的公立机构，它实际上分担了政府对部分科研项目的学术审查、资源分配的权利与责任。其主要职责和特点有：面向所有的学科分支，包括基础研究和应用研究；面向所有研究人员，特别关注处于起步阶段的青年研究人员，包括博士研究生；支持跨学科研究及不同机构之间的合作；支持跨国交流与合作，促进德国研究的国际化和影响力；设有莱布尼茨奖等多种荣誉奖励；为议会、政府和公共机构提供科技咨询等。联合会重视对高等院校的科研资助，一方面推进大学的科研活动，另一方面加强后备科研力量的培养。

由联邦和各州建立的科学联席会于2008年开始运转，其前身是联邦和各州教育规划与科研促进委员会（Die Bund-Länder-Kommission für Bildungsplanung und Forschungsförderung，BLK）。成立该机构的初衷之一就是整合联邦和各州对于科研资助、科研政策的制定方式，协调各研究机构、高校之间的竞争与发展，推动与其他国家的紧密合作，提高德国科研的国际竞争力。其成员包括联邦教育与研究部、联邦财政部，以及16个州的主管教育、研究和财政的部门。主要资助的方向有：大学以外的科学研究机构与研究项目；高校的科研计划；高校科研基础设施与大型设备。

除以上机构之外，在联邦层面上，隶属于联邦政府的环境部、经济与技术部等部门也负责各自领域的科研规划与项目。在州层面上，由于德国在法律上明确联邦和各州均负有教育、科研的权利与责任，各州可根据协议在教育计划方面和在资助具有跨地区意义的科研机构和项目方面进行协作，联邦政府与州政府根据协议分担费用。因此，各州均设有部门，而且大部分也是将教育与科研实行统一协调管理。例如，巴登—符腾堡州的科学研究与艺术部、勃兰登堡州的科学研究与文化部、梅克伦堡—前波莫瑞州的教育科学与文化部、萨克森—安哈尔特州的科学与经济部等。

可见，在战后德国科研与教育体系的演进中，不论是联邦政府，还是各州政府，科学研究与教育均被视作一个有机的整体，在规划、政策制定和资助等方面给予综合考虑。

二、多源的资助体系与“研究—教育—产业”的创新体系

德国资助研究的体系较为复杂，因为科研资助的形式多样，既有

联邦的拨款，又有各州提供的资助，如德国学术交流中心（Deutscher Akademischer Austausch Dienst，DAAD）、洪堡基金会等。也有多种由企业、政治组织或慈善机构提供资金的基金会，还有欧盟框架协议计划等提供的资助。由于资金筹措渠道多，经费总量较为充足，而且几乎惠及德国的全部科研和教育机构。

德国R&D投入之所以长期高而且形成良性循环，与其资金来源渠道的转变是分不开的。一方面政府减少在R&D投资中所占的比例，另一方面经济界和企业界对应用研究的投资越来越多。例如，在学术界颇具影响力的大众汽车基金会、博世基金会、克虏伯基金会等均由企业资助。这些机构与基金组织形成了一个覆盖面广、形式多样、资源分配相对均衡的资助体系，既反映了德国科教兴国的文化传统，也切实促进了科学与教育事业的发展。需要说明的是，尽管政府在整个投资中的比例下降，总量却仍然持续增加。与美法英等国相比，德国国防开支在GDP中所占比例较小，而政府在民用方面的投资更利于提高德国的国际竞争力。德国政府对全球化的判断和自身的定位，使之在R&D 投资上处于一种非常有利的地位。企业在R&D投入的主导作用，表明企业在德国创新体系中占主体地位。

企业创新是德国R&D投入的核心目标。德国非常注重发挥企业作为创新主体的作用，充分考虑企业需求，满足不同工业行业的需要。在强调企业投入的同时，政府用资助金、投资津贴或税收优惠的形式，平衡企业R&D的关系。国家创新体系作用的发挥，进一步吸引了德国企业界积极支持R&D的投入。（方在庆，2001）

国际化是德国R&D投入的一大特征。一方面，外国企业在德国投入，而本土企业也积极引入外资，开展研发活动；另一方面，德国企业在国外投资，建立研究机构，利用境外资源，从事相关领域的合作。德国企业以R&D为目的的对外投资，在1995年至2003年间从0.43亿美元，增至8.91亿美元。（United Nations Conference on Trade and Development，2005）德国R&D国际化增幅高于各国均值，而且境外R&D投入相对集中于新兴行业和德国的优势行业。（黄鲁成 等，2004）西门子公司R&D的国际化非常突出，其将近一半从事研发的雇员在境外工作，合作国家包括中国、印度、巴西、墨西哥、南非、马来西亚等新兴工业国家。（United Nations Conference on Trade and Development，2005）R&D的国际化直接加强了德国企业的国际化程度，也更好地适应了全球化的进程。

作为德国最大的科学资助组织，德意志研究联合会（DFG）的章程明确规定，必须保持与国外科学界的联系。在德意志研究联合会每年颁发给德国已获博士学位的青年学者的1500份奖学金中，超过1000份的奖学金被用来去国外作访问研究。他们与国外学者的个人联系成为日后合作研究的基础，同时也对提高德国的研究水平大为有利。为保持和发展国际合作，德意志研究联合会与18个欧洲国家和22个欧洲以外国家的伙伴机构签有双边协议，规定在对等的基础上交换信息和学者、支持科学合作的方式。原则上，德意志研究联合会是代表其所有会员签署上述协议和约定的。

在国家创新体系之内，基础研究、应用研究和开发研究三者之间，既彼此分工，又相互促进。这就使得即便是基础性的研究成果，也不可能只对参加基础研究的企业有利，企业也更愿意增加相关投入。在全部R&D资金中，企业投入约占70%，政府和其他组织约30%，其中约67%直接用于工业界，18%用于高等院校，15%用于公立或非营利性的研究机构。联邦政府和州政府共同资助的马普学会等公立研究机构，经费主要来源于联邦政府，少部分来自州政府和其他组织。资金的来源，决定了这些机构主要以从事公益性的研究为主。

为确保创新体系的活力，高等院校与公立研究机构在获得资助的同时，自主性原则仍得到尊重。“维护研究自由、不预先规定期望的研究结果”，德国总理默克尔于2008年曾强调这一精神。（中国科学院规划战略局 等，2008）

第二节　德国创新体系之一——瞄准前沿的公立科研机构

德国的创新体系既不是战前科研教育体系的延续，也不是照搬其他国家的结果，而是其自身历史与现实相结合的产物。发挥自身潜力，追求创新，不甘居配角是这个创新体系一贯追求的目标。

二战后不久，德国曾试图恢复原有的研究机构，战胜国占领政策限制德国科学家的活动。随着冷战的加剧，相关措施才逐步得以放宽。虽然战后德国努力恢复科研能力，但初期的状况并不理想，特别是不少研究已脱离国际前沿，后备人才的数量与质量也都明显不能满足需要。

同期在美国，出现了电子计算机、数字加工设备、晶体管元器件和集成电路等划时代的新事物，随之而来的是一系列新学科、新产业、新产品和新应用，新的科技革命拉开序幕。因受限于国内外条件，德国未能及时跟进，这个一度引领物理学革命和技术革命的现代化强国，再次沦为新科技革命的追赶者。

经过数十年的发展，德国建立起一套行之有效且受世人称道的，以高等院校、公立或非营利性科研机构和企业创办的研发机构三部分为主的创新体系。这三部分既结合成一个有机的整体，又各有侧重，竞争与合作并行。一般来说，高等院校以培养后备人才为主，同时开展基础性和部分应用性研究；企业的研发机构则以高新技术的产品研发为主；公立研究机构是从事大型、综合和公益性的前沿研究的主体，各机构根据自身学科性质的不同，在基础与应用研究两方面也各有倾向。以马普学会、亥姆霍兹联合会、弗劳恩霍夫协会和莱布尼茨学会为代表的四强是德国公立研究机构中的代表。与其他发达国家相比，学科门类齐全、各具特色、遍布全国的综合性公立研究机构也是德国创新体系中最具特色的部分。

从结构上看，德国科技创新体系呈金字塔形，从上到下依次为以亥姆霍兹联合会为主的战略导向型研究，以高等院校、马普学会为主的创新导向型基础研究，以弗劳恩霍夫协会为主的技术导向型应用研究，以工业企业和私人研究机构为主的产品导向型应用研究。

一、马普学会

德国公立科研机构主要由联邦政府与州政府投资，承担主要的公益性和重大的综合性科研项目。特别是马普学会等四家以德国历史上著名科学家冠名的大型研究机构，更是堪称德国科研体系中的“国家队”，在德国创新体系中的地位非常突出。不仅如此，由于他们都积极开展与大学、企业的合作，对德国的人才培养、企业发展也有显著的作用。

1948年，马克斯·普朗克学会（Max-Planck-Gesellschaft，

MPG，简称马普学会）的建立是德国科研机构再建制化的重要标志。这家德国最重要的基础科学研究机构的前身是负有盛名的威廉皇帝学会，20世纪下半叶很快成长为世界上最出色的综合性科研机构之一。（Borchel，2007）截至目前，马普学会共有18名科学家获得诺贝尔奖，占同期德国获奖总数的一半（共36名，包括经济学奖、文学奖与和平奖），因而获得了德国“诺贝尔奖锻造炉”的雅号。

虽以基础性研究为主要领域，但马普学会一直颇受德国政府和社会的重视，学会不仅科研经费充足，而且吸引了一批全球顶尖的专家。从1964年起，联邦政府和各州政府之间签订了行政协议，规定所在州的马普学会的经费由联邦政府和州政府各承担一半。尽管如此，马普学会始终奉行学术自由的原则，不受联邦政府或企业界控制。

马普学会最为看重的是坚持实行了百年的“哈纳克原则”（Harnack-Prinzips）。该原则始于威廉皇帝学会，由创始人哈纳克提出。马普学会据此强调，对研究人员应放开手脚，允许其自己确定研究目标，学会则尽可能地提供最好的研究条件。此原则已成为马普学会能够吸引一流人才、创造一流成果的重要因素。

作为一家纯研究组织，马普学会视年轻人才的培养为己任，并且重视国际化的交流与合作。虽然本身并不设置教学机构，但是仍然吸引了很多研究生或博士后开展前沿研究。这其中不仅有德国的青年人才，而且在马普学会国际研究学院（International Max Planck Research Schools，IMPRS）的带动下，还为来自世界各地的青年学者提供良好的科研机会和研究资助。马普学会的国际化程度很高，拥有约2000个合作项目，每年有6000多名外国学者在马普学会的各个研究所工作，其中约1/3的科研人员、1/2的博士研究生、4/5的博士后持有非德国护照。马克斯·普朗克国际中心的成立，使该学会国际化又迈进一步，合作成员不仅有美国和加拿大，而且包括印度、阿根廷。2005年，学会与中国科学院联合成立计算生物学伙伴研究所。国际化的组织机构与运作方式，有利于马普学会的科研项目长期处于世界前沿。

马普学会近年越来越重视基础研究与应用研究的结合，重视与企业、应用型研究机构之间的合作。为了加速基础研究成果的转换，与弗劳恩霍夫协会在计算机科学、材料科学、纳米技术、生物技术、可再生能源等交叉领域展开合作。为拉近与企业的距离，他们还于1979年成立了技术转移公司（后更名为创新公司，Max-Planck-Innovation GmbH），将马普学会的专利和其他研究成果创新推向市场。成立以来，已完成了超过3000项发明和1700项专利的授权许可协议。此模式已获得学界和社会的肯定。（Franke，2008）

二、亥姆霍兹联合会

亥姆霍兹联合会（Helmholtz-Gemeinschaft Deutscher Forschungszentren）是德国最大的科研机构，也是德国政府投入经费最多的公立研究机构。该联合会秉承德国著名科学家亥姆霍兹的科学理念，强调科技进步、创新应用相结合，直接影响社会发展。其研究目标定位在关注并解决社会和经济的重大复杂性挑战及德国的中长期科研任务，围绕大型科研设备展开国际一流的大科学研究，解决人类社会的可持续发展难题，为保障德国经济的竞争力提供技术支持。

联合会目前拥有18个国际知名的研究中心，主要在能源、地球与环境、生命科学、关键技术、物质结构以及航空航天与交通6大领域，每个领域又分成若干重点方向。例如，关键技术领域包含科学计算、纳米电子系统信息技术、纳米与微系统技术、先进工程材料等四个重点方向。这些方向的设置结合了当前科技发展的热点和前沿，又考虑到了新兴产业的发展，因此，在强调学科交叉研究的同时，也与工业界进行紧密的合作。又如，物质结构领域重点资助五个重点方向：基本粒子物理学、天体粒子物理学、强子与核子物理学、凝聚态物理，以及用于光子、中子和离子研究的大型设备。理论和实验的紧密结合、科学和技术的互相促进，已成为联合会在该领域的研究特色。

在每一个领域，亥姆霍兹联合会的科学家积极参与跨组织、跨学科和跨国界的合作，世界各地的大学、研究机构的一流科研人员都是他们的合作目标。每年有4000余名国外科学家在各研究中心从事科研合作与交流。各个研究领域及重点方向，均由科学家制订研究方案，进行国际评估。联合会为吸引一流人才，设有国际化程度很高的博士后流动站，提供优厚的科研条件，入选博士后可以连续3年每年得到10万欧元的资助。由于拥有数量众多的大型科研设施与装置，为更好地发挥平台的作用，联合会促进科研设施的开发和有效利用。

三、弗劳恩霍夫协会

弗劳恩霍夫协会（Die Fraunhofer-Gesellschaft zur Förderung der angewandten Forschung e. V.）是德国应用研究最重要的组织，以应用技术为主是其重要原则之一。1973年该协会进行了扩建，之后实行了一种全新而有趣的研究资助方式。联邦政府与州政府根据该协会合约研究成果的多少决定其基本资助额，这笔资金的使用由协会自主决定。弗劳恩霍夫协会是德国合约研究体系的主要支柱，它的目标是关心工业，把研究转变为可用于生产和生产发展的创新；它的任务是促进新技术在德国工业中的应用，从而提高德国的工业竞争力。弗劳恩霍夫协会使商业与学术团体间保持紧密合作，并保证大学的研究对工业有用。

现代的实验设备，加上项目管理和遍布世界的通信体系，提升并确保了弗劳恩霍夫协会研究的质量。对于自己没有研究能力的中小型企业来说，与弗劳恩霍夫协会合作，能确保自己企业的竞争力。因而德国许多中小企业把弗劳恩霍夫协会作为获得创新技术来源的首选，尽管要投入不菲的资金。

弗劳恩霍夫协会的主要任务是接受经济界和政府部门的委托，从事自然科学和工程技术领域的研究与开发。德国经济界自身的研究机构具有很强的科研实力，是应用研究的重要力量，无论在经费投入还是在承接科研任务方面，均占到总额的2/3左右。二战后，德国政府加大了对像弗劳恩霍夫协会一样的应用研究机构的扶持力度，尤其是从20世纪70年代开始，联邦政府和州政府对研究机构的资助大大增加，并采用了一种资助与绩效挂钩的新模式。弗劳恩霍夫协会更加关注产品创新。德国之所以到现在还保持世界出口强国的地位，与大量中小企业的创新是分不开的。而这些中小企业大多受到弗劳恩霍夫协会的技术和专利支持。弗劳恩霍夫协会目前约有24500名工作人员，是欧洲最大的应用研究与开发机构。

四、莱布尼茨学会

莱布尼茨学会（Wissenschaftsgemeinschaft Gottfried Wilhelm Leibniz e. V.，简称WGL）成立于1977年，两德统一后获得较快发展，同样属于德国的国家级研究机构。该学会目前共有18600名工作人员，2016年总资产高达17亿欧元。

该学会也是一个拥有众多研究实体的综合性研究机构，现有91个研究所，研究领域广泛，分为5大类：A—人文科学，B—经济与社会学，C—生命科学，D—数学、自然科学与工程学，E—环境科学。其中的一些会员机构仍属于大学或企业，因规模较大，获得在研究方面的独立拨款。莱布尼茨将会员机构组织起来，用“研究与创新协定”和“评议竞争委员会”的制度进行管理和经费分配。

根据“研究与创新协定”，对于符合条件的会员机构，资助经费的年增长率可达到3%，主要条件有：保持“标杆”水平的学术研究和学术质量；具有政策或战略前瞻性；拥有一流的团队，从事国际合作；积极培养后备人才；鼓励研究人员从事成果转化与创业。实际上，莱布尼茨学会将竞争与激励机制引入科研管理，而“评议竞争委员会”对会员机构进行考评。

在学术高标准要求的同时，该学会还鼓励科研人员进行跨机构、跨领域和跨国的研究。会员机构积极与大学、企业和其他合作伙伴保持着密切的合作关系。学会在高等院校推行一项为期7年的“科学校园计划”（Wissenschafts Campus），加强与大学的互惠伙伴关系。自2009年起，学会与洪堡大学联合设立“莱布尼茨-洪堡教授”讲座，直接参与大学的教学与人才培养。为促进科技知识的转移与成果转化，学会设有专门的协调办公室，直接促进企业发展和造福社会，使学会成为沟通科技知识与社会之间的桥梁。

第三节　德国创新体系之二
——不断变革的高等院校

高等院校在德国国家创新体系中的定位和作用十分清晰：培养后备力量并从事广泛的研究。德国的高校有很强的自主性，是学术研究的“象牙塔”，二战后的发展仍然继承了许多19世纪以来大学崇尚自由研究、教学与研究相统一等特点。在继承的同时，德国的高校也经历了若干重大变革，其中最突出的是前期的高等教育大众化改革，以及后来实行的“卓越计划”（Exzellenzinitiative）。

一、高等教育的大众化改革

二战后，德国的教育出现了传统与现实的冲突，一度引起广泛争论。由于西方占领当局，特别是美国曾对德国实施过“再教育”（Re-education），主要目的在于用美国的教育模式对德国的原有教育系统进行非纳粹化的民主改造。（Pronay et al.，1985）例如，《基本法》中删除了妨害教育自由的所谓原《魏玛共和国宪法》中的“忠诚条款”和“可剥夺条款”，并且采取措施加快大学的民主化。可是，德国人也希望延续传统中有益的部分。巴伐利亚州的文化教育部长洪德哈默尔认为，当前的任务不是改造德国教育，而是重新恢复德国传统的教育。（彭正梅，2011）尽管“再教育”因后来的经济重建等因素并未全面实施，但是教育民主化和反权威教育的思想对德国社会产生了影响，人们开始关注教育中的种种问题。曾经引以为豪的德国教育面临重重危机，甚至被称为“教育大灾难”（Bildungskatastrophe）（Sachsse，2009）。20世纪50年代末，教育改革的要求已十分迫切。在指出政府的教育开支过低、城乡教育差距过大、公民受教育机会不平等等突出问题之后，德国著名的神学家、哲学家和教育学家皮希特（Georg Picht，1913—1982）认为，在国际竞争中，落后的教育将使德国的经济发展蒙上阴影并失去未来，教育危机意味着经济危机。（Picht，1963）教育的危机感引起了广泛的社会讨论，在科学界、教育界和工业界，人们对后备人才捉襟见肘的现象感触更深。在研究所与大学，科学家与教授的年龄结构不合理，大学新生数量仅占同年龄层人数的3.5%—4.3%，落后于欧美主要发达国家。

德国的教育改革自20世纪60年代初以来，尤以高等教育改革与“双元制教育体系”（Duale Ausbildung）的确立对德国创新体系的影响最大。改革强调平等，接受高等教育应成为百姓的权利和福利，而不是国家的骄傲。改革主要有两个目的：满足公平教育和科研发展的需求。用1969年当选联邦总理的勃兰特（Willy Brandt，1913—1992）的话来说，教育应“同时顾及公民受教育的权利及社会对训练有素的专业人才和科研成果的需求”。（张帆，2012）[64–71]

教育投入是优先考虑的问题。当战后柏林失去了“科学之都”的地位之后，德国西南部不断注资，着力发展教育与科研。在巴伐利亚州，政府大力投入发展学校教育、职业教育，尤其是农村的学校教育。当时采取的一项主要措施是增强师资力量，将提高教师水平作为提升学校教育最有效的方法。州政府甚至决定，即便暂时少培养一些律师、医生、神学研究者、工程师和建筑师，也要培养学校教师；政府在其他方面做出割舍，也不能短缺教育经费。（张先恩，2010）巴伐利亚州的教育经费增长的比例，长期超过其他方面，教育被置于优先的位置。这些举措也吸引了大量研究团体，纷纷在战后教育发达的地方设置新的科研机构。巴伐利亚州和巴登-符腾堡州很快成了德国的科学中心。

在高等教育改革方面，首要措施是奉行“均等主义原则”（Gießkannenprinzip），扩大学校和在校学生的数量，改变过去纯粹精英的办学模式，标志着德国高等教育大众化时代的到来。德国改建、新建和扩建了一批高等院校。因更加重视科学与工程技术学科，原来的高等技术学校（TH）升格为工业大学或理工大学（TU），相关专业的学生能够拿到博士和硕士学位。其中包括出现的两种新型的高等院校：职业大学（Fachhochschule）和高等综合学校（Gesamthochschule）。1965年至1975年间，德国新建24所大学，在高校数量迅速扩张的同时，在校学生人数持续增加，从改革前的30多万升至20世纪90年代的100多万，在同龄人口中的比例也从7%上升到30%。（福尔，2002）

总之，此次教育改革扩大了受高等教育的人口规模，丰富了人才培养的形式，为德国各行业，特别是科学与工程技术领域培养了大量专业人才，总体上提升了劳动人口的素质，解决了科研后备力量不足的问题。另外，改革后的大学，在管理机构和管理方式等方面也较以往有很大不同，公平性和自主权得到加强，大学之间的差异并不显著。

二、“卓越计划”与精英战略

如果说20世纪90年代之前，德国高等教育的变革强调的是“量”与公平，那么2005年实行“卓越计划”之后，如何突出“质”的提升与大学的精英化便成了关注的重点。

1. “卓越计划”的背景和措施

“卓越计划”的出台有比较特殊的背景，实际上也是原有高校体系不能很好地适应德国社会发展需求的结果。20世纪90年代，德国的高等教育受到严峻的挑战。首先，政府财力下降，对高等教育的资助有时捉襟见肘，例如1996年政府对高等教育的拨款较前一年减少了20亿马克。其次，与美国等国家相比，德国在高技术含量的国际竞争中相对乏力，人才流失严重，在种种不尽如人意之处的背后，高校人才培养已难辞其咎。再次，德国大学的国际影响力与竞争力下滑，不只是获诺贝尔奖的人数或是在各种排行榜上的排名，更主要的反映在后备人才的培养方面，特别是对博士等高端人才的培养模式呈现明显弊端。例如，学位授予模式陈旧、在读时间过长，在就业市场上的竞争力不及英美等国的研究生等等。有学者甚至发出德国大学“已腐烂”（Glotz，1996）“没有未来”的警告。（Thumfart，2004）越来越多的人呼吁改革高等教育，用评估、竞争的方式，提高效率和质量。

2004年，联邦教研部长发表“在德国寻找顶尖大学”的讲话，表达了政府改革高等教育的决心和方式。德国要为最优秀的大学提供尽可能的资助，使之成为可媲美哈佛大学、斯坦福大学或牛津大学那样世界一流的研究型大学。（Sievers，2008）“卓越计划”是由德国联邦教研部和德国科学基金会发起的，目标直指提高促进德国大学科技研究和学术创新。这两个机构也负责该计划的组织、评估和监测。政府通过在各大学之间引入直接竞争，择优选择给予资助。“卓越计划”每5年为一个资助周期，至今已启动了2007—2012、2012—2017两个阶段。经费由联邦政府与各州政府共同承担，其中75%由联邦政府提供，25%由各州政府筹措。

“卓越计划”的资助分为三个层面：研究生院（Graduiertenschule）、卓越集群（Exzellenzcluster）和未来战略（Zukunftskonzepte）。研究生院计划，主要为青年科学家和优秀的博士研究生提供优异的科研环境，提高研究生的培养质量，并发挥他们在尖端研究的国际竞争中的关键作用。研究生院提供广泛的研究领域，并且鼓励研究生参与国际学术组织，扩大学术交流并提升学术知名度。卓越集群计划，用于资助大学采取设立机构等必要的措施，促进大学与研究机构、企业之间跨学科的合作，增强在研究和培训方面的竞争力。此外，卓越集群计划还为青年科研人员提供良好的就业条件和职业培训。未来战略，目的是在一些集群学校、研究生院进行重点资助，打造一批国际一流大学，以长期保持和增强在国际学术竞争中的领先地位，并且有利于提高德国大学的国际知名度和竞争力。

2. “卓越计划”的影响与评价

“卓越计划”无疑是德国高等教育体系的一项重大改革，自实施以来，就不缺乏批评或赞扬之声。

批评主要集中在五个方面：

第一，破坏了原已形成的教育公平原则。20世纪60年代开始的改革为德国高校注入了公平的理念，并已深入人心。但是“卓越计划”使原来相对均势的院校出现明显的分层，顶层学校将在资金、项目、招生、师资等方面更容易获得资助，甚至会因此削弱非精英学校的常规拨款，从而形成“马太效应”，如此将不利于教育和研究的长期良性发展。对学生来说，德国精英模式可能导致社会分化，出身低微家庭的学生交不起精英大学的学费，也可能在就业中受到歧视，教育不公将有损整个社会的公平。有人认为，教育改革不应该厚此薄彼、拆东补西，公平与自主仍然是德国教育最重要的原则，不应为了精英而将之放弃。

第二，经费不足，时间仓促，效果有限。该计划的目标在很大程度上是向美国的精英大学看齐，可是经费本身是大问题，毕竟一所德国大学的预算远远低于一所规模相当的美国精英大学。“卓越计划”是在德国财政紧缺时提出来的，政府的经费投入毕竟有限。正如德国大学校长联席会议主席盖特根斯所说，哈佛大学等美国名校是在投入巨资并且经过长期的积累才逐渐形成的。（张帆，2012）[132]不可忽视的是，美国名校的资金很大一部分不是来源于政府，与“卓越计划”存在明显的不同。更何况，即便德国用金钱堆出了一所与哈佛大学齐名的大学，但是在整体质量不高的情况下，并不能代表德国高等教育的进步，因而“卓越计划”显得不切实际。（Bürklin et al.，1997）

第三，加剧区域之间的不均衡。因历史原因，德国的教育质量呈现出区域不均的状态。然而，“卓越计划”非但没有减缓这种趋势，甚至有使不平衡加剧的危险。在评估中，西部、南部的大学更容易获得青睐。“卓越计划”的资金仅3%投入东部的大学，这不仅给当地的高等教育发展造成不利影响，也会进一步加重人才流失，长期下去可能导致地区的教育和经济发展的停步甚至倒退。

第四，存在重研究而轻教学的隐患。“卓越计划”的资助对象均指向研究，这将势必导致对教育的轻视，从而损害教育与研究并重的理念，甚至降低教学水平，而大学的首要目标是培养人才。同时，以研究为导向，也会在一定程度上加剧大学与研究机构的竞争，很可能会进一步削弱大学对人才的吸引力。

第五，强调学科还是突出大学仍存在争议。首先是学科平衡的问题，受“卓越计划”资助的专业绝大多数是科学与工程技术类学科，人文学科所占比例很小。其次，投资的重点是放在学科，还是放在学校，社会的认识也不同。前者主张靠优势学科和专业人才来带动高校的建设，而后者则相反，希望靠打造一流名校促进整体发展。

当然，也有人希望借“卓越计划”改革原有高等教育中的弊端，在第一阶段后，“卓越计划”被认为取得了巨大成功，主要成绩有以下几个方面：

第一，引入竞争和差异化，打破了原有的均质格局，有利于创新。“卓越计划”实施后，加快了大学之间的分层，突出了发展重点。莱布尼茨学会现任主席、2007—2012年任德国研究基金会主席的马蒂亚斯·克莱纳（Matthias Kleiner，1955—）称赞道：“‘卓越计划’促使德国大学实现了‘从僵化到创新’的突破，创造了成千上万的高层次的工作机会，培养未来的专家为商业和工业的创新做贡献。过去德国大学的僵化是出了名的，现在通过‘卓越计划’已经证明，我们极具创新性。”

第二，大学参与尖端研究，发挥创新优势。不论是研究生院，还是卓越集群和未来战略，“卓越计划”都侧重青年科学家与博士研究生的培养。他们将是未来创新的主力，更多、更好地参与研究，有利于高质量人才的培养。

第三，德国大学的国际形象和竞争力得以明显提升。在“卓越计划”的促动下，各大学纷纷参与竞争，通过对不同重点学科或专业领域的扶持，提高了某些重点资助大学的国际排名。大学较以往更能吸引世界一流的科学家和学者，有助于研究与教学水平的提高。

总之，“卓越计划”已在争议中推行开来。德国高等教育改革的目标始终明晰——着眼于未来，面对日益激烈的国际竞争提升高等教育实力，培养世界一流的人才。尽管褒贬不一，该计划的最终结果也还有待观察，但是，德国上下为此拿出的勇气和付出的努力有目共睹。

第四节　创新体系之三——领先的职业教育与企业创新

企业是德国创新体系的主体，发达的职业教育也是德国教育的一大特长。德国企业创新的一大特点是受惠于企业与教育的相互促进，企业直接参与社会办学，学校培养多样的实用人才。职业教育分中等与高等两大类，前者主要采用“双元制”教育的模式，后者则主要由职业大学来承担。

一、“双元制教育体系”

“双元制教育体系”是德国企业和职业学校共同负责的教育模式，学员先同企业签订学徒合同，然后根据职业方向，分到学校的相应专业学习。受教育者以“学徒”身份在企业实际的生产岗位和培训中心接受职业技能及相关工艺知识的培训，又以“学生”身份在学校接受文化基础和专业理论教育。在“双元制教育体系”中，企业发挥主导作用。“双元制教育体系”是传统学徒制度与规范的学校教育相结合的产物。

德国重视职业教育，包括“双元制”在内的模式受到法律的规范和保护。1964年的《汉堡协议》确立了“双元制教育体系”的基本框架，使职业技术教育的课程设置、教学内容、教学方法以及办学形式更加适应社会发展和经济建设对专业人才的需求。基于职业技术教育的重要性，20世纪70年代以来，德国政府对职业技术教育采取了“国家化”和“法制化”的措施，制定了一系列的法律、法规，如《联邦职业教育法》（1969 年）、《联邦职业教育促进法》（1981年）、《企业宪法》（1972年）、《联邦青年劳动保护法》（1976年）等。2005年4月1日将《联邦职业教育法》与《联邦职业教育促进法》合并，经修订后颁布并实施新的《联邦职业教育法》。

“双元制教育体系”被广泛认可，在于它具有一些鲜明的特点：

第一，企业与学校共同承担培养任务，以企业为主。基础理论的教学由职业学校负责组织实施，而培训则由企业或代表企业的行会主导。

第二，同企业实际运作紧密结合，强调学员的职业目标。企业乐于让学员在实际的工作环境直接接触新技术、新工艺、新设备。学员所学更接近企业和市场的需要，通常结束学业后即可投入工作，而企业培养的学员也更符合自身的实际需要。

第三，理论学习与实践训练并行，以后者为主。学员的大部分时间在企业进行实践操作技能培训，在实训中加深对理论的理解，而课堂所学理论也尽量与生产流程、业务流程挂钩。

第四，企业广泛参与办学，发挥企业的积极性和特殊功能。私人企业可以通过此方式，与国家开办的职业学校合作办学，而无力承担职业培训的中小企业，也能通过跨企业的培训、委托其他企业培训等方式分享职业教育的成果。

第五，建立企业与学员之间的双赢机制，有效降低综合教育成本。“双元制”主要由企业主导和投入，对学员来说，培训费用由企业负担，而且还可领取一定数额的月薪。企业保证学员有固定的职业技术实训岗位，学员在参加职业技术培训的同时就开始直接为工业及企业创造效益。

第六，与其他教育模式互通，有利于人才分流，培养多样型人才。在基础教育后，学员可以申请从普通学校转入职业学校，既保证了职业学校的生源，又缓解了普通高等学校的招生压力，且有利于人才的分流。接受了“双元制”职业培训的学员，也可以在经过一定时间的文化课补习后进入高等院校学习。据统计，德国入职的人员中，80%接受过职业培训。

第七，重视职业培训质量和师资队伍建设。

第八，在创新体系中具有不可忽视的独特作用。职业培训实际上是一个完整创新体系中不可缺少的部分。（Pahl et al.，2010）企业的创新在很大程度上离不开技术工人，“双元制教育体系”是培养高水平技术工人的重要途径。（Schank，2011）

正是因为“双元制教育体系”具有上述优势，许多企业主办的职业学院极受欢迎。例如，在奔驰等著名企业的职业学院，申请入学甚至出现数十人竞争一个培训岗位的现象。反过来，这些高素质的实用人才也在这些企业的发展乃至创新中发挥了重要作用，是德国企业运作与创新中不可或缺的人力资源。

“双元制教育体系”为战后德国迅速恢复并高速发展做出了巨大贡献，被誉为创造德国“经济奇迹”的“秘密武器”。德国重视发展职业技术教育并使之紧密联系经济发展的优良传统沿袭至今。在德国参加过职业技术教育的技术工人占全体员工的比例达到40%，远高于法国和英国等国家。

不过，在知识经济和产业升级的大趋势下，如何使专业划分和技能培训紧跟行业变化等问题十分突出（Jungkunz，2008），德国“双元制教育体系”仍有继续改进的必要。

二、应用科技大学

德国的职业大学（Fachhochschule）在对外交往中以应用科技大学（University of Applied Sciences）为名，其历史并不长。1968年，德国决定建立一种新型的教育机构——高等专科学院，教育界和企业界对此积极响应。很快，原有的工程师学校、高级经济专科学校、高级工业设计专科学校等通过改制，转变成职业大学。

德国之所以要推行这种新式教育模式，在高等教育体系的内外都能找到原因。一方面，20世纪60年代之后，以电子和信息技术产业为代表的高技术产业对传统产业冲击很大，德国的经济及产业结构也发生了深刻变化，一大批从事传统产业的企业先后关停并转，导致整个经济发展滞缓，失业率居高不下，传统职业技术教育面临挑战。另一方面，社会对既有理论基础又有很强动手能力的技术人员的需求越来越大，而当时德国的普通大学偏重培养学术性人才，两者之间存在差距。因此，一种新型的、侧重实际应用的高等教育模式便应运而生。职业大学是德国教育体系变革的一项重大举措，也可看作是“双元制教育体系”在高等教育领域的拓展和延续。经过半个世纪的发展，职业大学已成为德国教育体系中不可缺少的部分，并具有以下特点：

第一，坚持面向应用或实际的办学取向。课程设置以解决实际问题而不是理论分析为主要取向，目的是培养实用型人才。在读期间，一般安排1—2个学期在真实的工作环境中实习，培训实践经验，研究工作也以应用为主。因此，职业大学不同于传统大学或理工学院，各自有着不同的使命和定位，它们之间不是竞争关系。职业大学与普通高等院校共同构成德国高等教育体系的“两大支柱”。

第二，与企业联系紧密，侧重职业教育，但教学由学校主导。目前，德国共有职业大学189所，招生人数占德国总招生人数的40%左右，为德国社会贡献了约2/3的工程师、1/2的IT和企业管理人才。

第三，采取短学制，文凭与普通高校互通。学生会在相对较短的时间内完成学业，通常3年取得学士学位，硕士阶段会在此基础上增加1—2年。根据《联邦德国高等学校总法》的规定，毕业生授予学士或硕士学位（取代了原先的Diploma学位），并且与普通高等院校毕业享有同等地位及价值的学位证书，毕业生也可赴普通院校攻读博士学位。

第四，注重教育质量和师资建设，要求教师教学能力强且实践经验丰富。一般要求教师在获得博士学位之后，还需至少五年的职业经验，其中至少三年为非大学机构工作。教授工作每满四年，可停止授课半年，在企业从事实际工作，以促进教学与实际解决问题能力的结合。

第五，重视国际交流与合作。德国学术交流中心（DAAD）等机构提供奖学金资助专科学校的学生出国开展研究或实习，加强人才培养的力度与国际影响。

第六，在创新体系中占据一席之地。职业大学培养学生实践能力，在工程创新中有时具有一定的优势。（Howells，2005）通过与企业的结合，强调自身的技术移转作用，帮助企业从事应用开发，对企业和区域经济发展的意义显著。

综合来看，德国高等职业教育完善的培养机构，灵活的办学风格，高效率的人才培养速度已经为德国的高等职业教育赢得了良好的国际声誉。德国的高等职业教育在德国的发展历史中发挥了巨大的作用，不仅促进了德国的经济发展，也为国家的稳定和社会的繁荣贡献了一份力量。

三、合约与合作模式的企业创新

企业作为技术创新活动的主体，在研究人员的数量上，据2008年度统计数据显示，德国各类研究人员的总数为522688人，仅企业就有332909人，所占比例超过60%。在投入经费上，德国企业投资约占德国科研总投资的66%，投入总额达到460.73亿欧元。（李鹏 等，2011）

因规模和所处行业的不同，企业参与创新的程度也有所差别。在多数行业，随着企业规模的扩大，对研发也愈加重视。在工业界，80%的大企业进行自主开发，而在中小型企业中只有54%进行研发活动。德国的一些化学工业、医药工业、机械工业领域的大企业，在研发活动上的积极性更高。大企业投入研发的经费多，往往也愿意与科研机构或高等院校开展合作研究。然而，中小企业的创新需求也不能忽视，高技术行业的中小企业对与科研机构合作的兴趣有时比大公司要高。他们往往因为资金或人力的不足，而无力开展有效的独立研发。

除企业独立从事创新活动之外，合约研究机构与合作性工业研究协会成为德国企业主实施技术创新的两个主要渠道。合约研究机构将专业知识用在特别的工业应用研究项目。例如，弗劳恩霍夫协会利用所在地的专业高校或技术大学研究所的设施和人员，在合约的基础上开展工业应用研究。合作性工业研究协会由各工业部门组织，具有两项功能：确认成员企业（通常是中小型企业）的需求，提出解决方案并进行协调；安排合约研究机构完成研究，并且将研究成果转移给成员企业。通过合约或合作研究，德国企业之间、研究机构与企业之间实现互惠。

德国建立了约106 个不同行业的工业研究联合会，涉及微电子业、建筑业、机械制造业、测量及传感技术、金属、材料、汽车技术、煤、化工与生物技术以及光学技术等大部分德国工业部门，包含了5万余家中小企业和54家研究机构，与700余家研究机构保持着密切联系。联合会的中心任务是资助中小企业面向应用的研究与开发，为此他们与联邦经济技术部和联邦教研部密切合作，积极支持企业的联合研究，降低科研成本，实现资源共享，企业在研究教育机构之间发挥桥梁作用。这种合作研究更能促进企业之间、企业与研究机构之间的技术合作，从而使中小型企业更能从中受益。

参与技术转移的团体包括工业与贸易协会、工商联合会和地区性技术转化和创新中心。这些团体提供的服务包括与研究所之间签订合约，提供技术和业务咨询，用于技术实验和测试的设施，以及借助出版物和非正式联系传播信息。通过建立企业间的联系及工业和学术界的联系，合约和合作模式加速了企业创新的进程。而且，在此过程中，一些组织通过提供技术和业务咨询服务帮助企业创新，从而减少了企业获取和利用信息的成本，提高了创新的效率。提供咨询服务的工业团体包括地区性的私营机构，各种地区性的基金会、工商联合会、德国经济合理化委员会（ Rationalisierungskuratorium der Deutschen Wirtschaft ）、工业协会以及大学的技术转化中心。

作为德国工业的重要力量，中小企业的创新对德国经济具有深远意义。近年来，德国政府通过一系列政策优惠，鼓励中小企业积极参与研究与创新活动，促进高新技术发展，实现技术更新和产业升级，提高企业对市场变化的反应能力，保障就业并创造新的工作岗位，将德国由产品出口型向技术出口型的国家转型。创新不只是初始的科研开发工作，而且还包括将成果转化为市场产品的增值过程、科技成果和科技知识的传播以及人力资源的教育与培训。为此，德国的企业创新体系也在不断发展由创业者中心、技术中心及服务网络等构成的辅助系统，以激发创新体系的活力。

当然，合约和合作模式的企业创新也有不完善之处。例如，真正的、革命性的技术很难从这种合作体系中产生出来。主要有两方面原因：首先，由于联合会的工作是以企业成员的需求为基础，解决的往往是短期的、能即时应用的技术，联合会很难担当起为企业确定和寻求长期的研究计划的战略性角色。其次，由于对知识产权的关注，企业极不情愿分享和转移他们真正的创造发明。

从以上可知，“研究—教育—企业”的创新体系在德国的科技竞争、教育改革和经济发展中处于极其重要的地位，越来越受到重视。在结构上，这一创新体系呈彼此高度联接、相互交叉的形式。在分工上，该体系覆盖了基础研究、应用研究和产品开发，而且能够有效促进各环节之间的良性互动；在战略上，从现实和国际竞争出发，瞄准前沿、着眼未来、谋求一流。总之，德国的创新体系是一个仍在不断完善和发展的分工明确、相互促进、相辅相成的体系，其最大特点就是研究、教育与企业三者的结合。

第五节　全球化背景下的反思

当代德国科技与教育政策的调整主要围绕全球化这一主题展开。20世纪末以来的全球化具有以下特点：科技全球化已成为经济全球化的基础和重要组成部分（徐冠华，2008）；科技的发现、发明与创新日新月异，新科技是全球化产业升级与分工的最主要的决定力量，直接影响全球经济增长和国家竞争；科技合作与竞争已成为应对全球化竞争与合作新的制高点和战略要地；科技与经济的竞争在一定程度上表现为全球范围的人才竞争。二战后，德国现代化进程可视为在全球化背景之下进行的一场持久的变革，并且有着以科技与教育为先导的鲜明特征。

一、科技全球化的机遇与挑战

德国工业的崛起受益于全球化的进程，而新技术催生的全球产业升级，又促使德国不断调整策略。德国工业发展在20世纪70年代达到又一个高峰，工业品产值也达到历史新高。（徐冠华，2008）以克虏伯、西门子、拜耳和蔡司为代表的企业分别在冶金、电力、化工与光学等领域执业界之牛耳。“德国制造”不光只是品质优良产品的标志，而且也是一个运转有效的工业体系的象征。（方在庆，2001）德国工业得到了国际公认，并成为一种成功的模式。其成功可归因于善于制订与实施规划、拥有领先的技术优势、高度专业化和对全球市场变化的敏感度。（Hall et al.，1990）

全球化给予德国工业界机遇的同时，也对所谓“德国模式”提出了严峻的挑战。以人力资源为例，由于世界市场对德国产品的旺盛需求，不少企业一度引入客籍劳工，以解决劳工短缺的问题。可是，知识经济时代已经到来，单纯依靠劳动力的增加，非但不能在竞争日益激烈的市场中立足，而且还需为此承担员工培训及福利成本增加的费用。更为严重的是，一些德国企业甚至一度轻视来自国际同行的挑战。自20世纪80年代，负面因素导致的问题愈加明显。西门子公司在与日本企业的竞争中，利润下滑；拜耳公司也出现了产能过剩问题（Owen-Smith，2002）；在美国汽车市场上，德国的领先优势逐渐被日本赶上；在其他工业领域，德国的竞争实力也越来越受到挑战。这些现象与科技全球化程度的提高有直接关系，而新技术出现导致的产业升级和随之出现的跨区域的技术转移，使得国际竞争加剧。有些学者发出“德国正处于全球化的时代”的呼声（Harding et al.，2000），应在全球竞技场（Global Arena）中评估德国的创新体系（Legler et al.，2000），否则德国的工业可能因此失去竞争力。德国工业的发展存在困境，其原因可归结为以下几点：（方在庆，2001）

第一，R&D投入还需继续增大。R&D投入对于提高一个国家在世界上的竞争能力至关重要。德国始终重视对科技的投入，鼓励创新。尽管曾面对战后重建、经济增长乏力、失业率居高不下、社会保障体系不健全、财政赤字吃紧和欧债危机等情况，但德国的R&D投入从资金规模和占GDP的比例上长期保持在一定的水平，总量位居全球三甲之列。即便在2008年全球金融危机时期，其R&D投入也达到2.64%，较10年前提高了13.3%，已接近以欧盟“里斯本战略”（Lisbon Strategy）提出的R&D达到3%的目标，该战略旨在“鼓励创新，探索面向知识经济的下一代创新”。（Rodrigues，2009）尽管德国R&D投入的总量位居各国前列，但是近年来增幅却明显放缓，R&D强度（占GDP比重）不及法国、芬兰、瑞典、新加坡和中国等国。

第二，与美国、日本等其他几个主要的工业发达国家相比，德国的劳动力成本居高不下，劳动生产率仍有待提高。以1996年为例，一名德国工人平均每小时所得为31.87美元，日本为20.84美元，而美国仅为17.70美元。与之相反，德国工人的工作时间却在几个发达国家中几乎是最少的，而人均劳动生产率也相对落后：1990年，德国人均劳动生产率为3.42万美元，而同期美国为4.50万美元，英国为3.50万美元，法国为4.67万美元，日本为3.67万美元。因明显处于下风，德国企业家们纷纷抱怨，德国工人同时拥有高小时工资与超短的周工作时间的状况，令企业在与对手竞争中缺乏成本优势。经过一番调整和努力，德国人均劳动生产率在2000年上升到4.19万美元，超过英国与日本，但与美国的5.49万美元和法国的5.20万美元相比，仍然存在较大的差距。（Ilo，2002）

第三，在新兴科技产业方面，德国企业的敏锐与灵活落后于国际同行。尤其在微电子、数字通信等领域，新产品的生命周期越来越短，从发明到应用的转换必须足够迅速。德国的公司结构不够灵活，从发明到应用的转换也不够迅捷，这些因素导致他们的发明周期过长，在将发明推向市场时又不及时，在新兴科技产业中所占份额有限。比如，德国虽较早对移动通信的研发做了布局，但一直处于追赶美国、日本的情形，甚至在许多方面不及芬兰、韩国、中国等对手。

第四，一些德国法律条文不能很好地满足保护和促进创新，某些烦琐的法规甚至影响了德国企业的竞争力。21世纪初，德国电信（Deutsche Telekom）在大力推行“下一代”高速互联网的过程中，要求禁止竞争对手使用其网络。2006年，德国政府根据新的“电信法”支持该公司的这一诉求。然而，此举被认为有悖于市场竞争的原则，进而会阻止创新。（Neugebauer，2007）相反，德国企业在R&D国际化过程中注意到，一些国家的法律环境更为宽松，显然有利于吸引投资与创新。在国内，德国企业很可能为一个新的想法而陷于规则的泥潭，有些很有希望的创新却少有机会在德国实现商业化。一个严密的规则网络曾使德国企业受益，而面对新的知识经济，在保护行业领导者的权益与鼓励竞争之间，如何做好平衡，将是德国需要解决的一个关键问题。

第五，相对忽视“软技术”，而过于强调产品的“硬技术”导向，在国际市场中的优势单一。研究表明，“软技术”对创新有重要作用，美国拥有的管理技术、R&D的工业化、灵活的移民政策、专利体系的改革等多项“软技术”的领先地位，为其在第二次工业革命中稳居领先地位奠定了基础。（Jin，2011）在文化心理上，德国企业更注重工程技术本身的水平，在R&D的过程中也倾向于追求最完美和最先进的技术路线，这种氛围和传统使得管理者和技术人员有可能忽视消费者的偏好。实际上，仅仅将技术视作目的而不是手段，也不利于创新。工业强国已纷纷加强“软技术”实力，德国在此方面尚需做出较大的努力。

第六，地区间发展不均衡，创新地点太过集中。至20世纪80年代后期，德国的创新活动主要集中在发达地区，约2/3的项目基金和75%的R&D经费投在莱茵—鲁尔、慕尼黑、法兰克福、曼海姆-海德堡和汉堡5个地区。（Hilpert，2003）对于德国这样的欧洲大国，如此集中并不能完全发挥德国的资源和人口的优势。此问题在很大程度上系历史原因造成的，但是德国统一之后，东部正在复苏，政府也有意将若干高技术产业群放在东部。（Schatzl et al.，2002）马普学会、弗劳恩霍夫协会等研究机构在新联邦州成立相应的研究所，以改善原有的研究机构设置不平衡的状态。德国历史上首次出现的国家科学院（Nationale Akademie der Wissenschaften），即是2008年在位于东部地区的萨勒河畔哈雷（Halle an der Saale）利奥波第纳科学院（Deutsche Akademie der Naturforscher Leopoldina）的基础上建立。然而从现有差距和长远发展来看，消除区域之间的不平衡，保持长久而多样的创新活力，仍是德国的一项相当艰巨的任务。

第七，社会与经济发展仍存在不少问题，创新体系的建设有待完善。创新既不纯属于研究机构和企业，其体系的健全也不全然依赖政府出台相关政策。在一定程度上，创新可被看作社会与经济持续现代化的重要源泉，相关因素不恰当地运用均有可能削弱或阻碍创新的产生。例如，有研究认为，德国工会对创新活动存在积极或消极的影响。（Schnabel et al.，1994）他们具有很大的权力和影响力，能够对企业的发展发表意见并施加影响，而企业雇主则常常在与工会的妥协中失去适应市场的灵活性。这也是导致德国企业有时不能灵活适应市场变化的因素之一。又如，环保已成为经济发展的一项重要指标，对技术创新有积极的影响，然而过于宽泛的环保主张，有可能增加企业负担，进而削弱其竞争力。德国公众对环境退化、再循环和自然保护过于关心，企业必须尊重公众的态度和环境规则与要求。据说工业界认为这些压力进一步增加了费用，还削减了德国产品的竞争力。（方在庆，2001）再者，德国的高福利制度也并非毫无瑕疵，教育培训和劳动力市场的活力不足也是不能回避的问题。（Shabaj，2012）联邦政府被批评存在办事低效、平均主义、权利相对集中等问题，行政机构的改革需顺势而行，不应让积弊影响创新。

二、德国政府和企业界的应对之策

作为一个“过分自觉”的民族，德国人没有沉浸在自己过去的辉煌之中，更何况科技全球化已使他们重新反思自身的创造力与竞争力。近年来，德国政府出台了一系列措施，力图进一步改革现有的科研教育体制，鼓励竞争，并且在法律和政策层面营造竞争氛围，让最具创新性的思想、研究课题得以脱颖而出，让更具竞争力的产品立足于全球市场，是其最主要的指导思想。（Brady et al.，1999）

第一，利用新科技手段改造传统产业与企业，使其适应全球化的需要。

传统产业仍是德国发展可借力的优质资源。尽管德国的劳动力非常昂贵，生产力仍然很高，出口产品在国际上仍有很强的竞争力，人均出口额比美国高2倍、比日本高1/3。其中，传统产业尤其是装备制造业、日用电器、化工等领域贡献很大。而且，有赖于教育和福利体系还保持着原有的活力，其失业人口的比重低于其他欧盟国家，整个社会体系的运转良好。

在全球化的挑战中，德国的核心制造业有必要进一步继续保持竞争优势，但是需将相当一部分注意力和资源转移到绿色制造、新科技产品、资源与环境及其他交叉技术方面。主要措施有：以国际竞争为重要的衡量指标，调整产业结构，促进传统企业的结构调整，要么合并、资源整合、淘汰过剩产能，要么减少冗员，提高整体竞争力；以高新技术升级传统产业，制造业应给予关键技术以更多的注意力，采用新技术、新的生产概念来提高生产率、改进质量，增加灵活性；加强与中国、印度等快速现代化的国家合作，扩大海外的生产、转移部分传统技术。

第二，促进学术研究与产品应用的结合。在德国，有关基础研究与应用之间的资源分配，早已引起了学术界、工业界和政府的关注。近年来，不断有许多从事应用研究的机构希望能从政府和其他部门得到资助，尤其是当他们从事与基础研究有关的活动时，更觉得应该如此。否则，他们认为资源分配就不合理。

第三，作为鼓励竞争的重要举措，支持并促进新兴企业和中小型企业的创新活动。据经济合作与发展组织（OECD）的数据，中小型企业提供了70%的新工作岗位。特别是，中小企业在创新方面往往更具活力，也因此更受风险投资的青睐。德国政府与企业界为此不仅制定了相关扶持政策，而且给予各种发展机会。例如，2005年，德国政府联合银行和多家大型企业共同注资成立高技术基金（High-Tech Gründerfonds），为初创企业的创新研究提供种子资金。该基金组织的宗旨就是“实现创新，塑造未来”（Innovation realisieren，Zukunft gestalten）。

第四，利用国际化打造新的科研教育体系和创新体系。德国的研究机构越来越重视国际合作，例如，马普学会与中国科学院建立“伙伴小组”，开展互惠的长期合作研究；弗劳恩霍夫协会不仅在美国建立了激光技术、产品工程、材料研究、医学技术和计算机制图的研究中心，在马来西亚也建立了高级软件开发中心。与此同时，德国政府也鼓励其他国家在德设立研究机构，以培养德国本土人才，如美国的微软公司，中国的联想、海尔等企业纷纷在德设立研发中心。这些举措正逐步发挥作用，德国企业也更容易在当地或国际市场找到合作伙伴。

德国的科研教育体系也正面临着挑战，这将使德国在国际人才的争夺中处于不利地位。许多外国学生不将德国大学作为学习深造的首选，毕业后选择继续留在德国的比例也不高，对于德国大学教学和研究质量来说，这也是一种否定。德国联邦教育与研究部发起了一个“领航计划”（Pilot Projekt），举措之一就是提高外国学生在德国大学中的比例，面向外国学生，以英语教学。同时，德国政府鼓励本国学生对外交流，目的地不仅包括美国等发达国家，也包括中国等发展中国家的大学，培养适应全球化的人才。当前，德国在海外留学的人数居于世界前列，次于中、美、印、韩。另外，德国也尝试修改移民政策，为吸引人才创造条件。

进入21世纪以来，科技与创新全球化的趋势愈加明显，而且将不可逆转地改变着人类的历史进程，各国政府和企业都在积极地寻找适宜本国的发展策略，德国也不例外。（Rudolf，2005）尽管德国的创新体系有许多有待完善之处，但它至今仍被认为非常有效。自第一次工业革命以来，德国坚持视科学技术为强国之本，以智力资源为依托，视人才为制胜之道，重视科研、教育与生产的结合和相互促进，以积极、开放的心态对待国际合作与竞争。（张先恩，2010）

这一发展思路在随后发生的多次科技革命中均得到发扬，为德国成为强国奠定了基础，提供了最可靠的驱动力。现今，德国希望在2020年成为首屈一指的“科研友好”型国家（The Most Research-Friendly Nation），并且通过借助教育改革和科技发展来赢得国家的未来。可以预见，德国将在新科技革命和人类可持续发展中发挥更大的作用，其所走的科技强国之路也将为后发国家提供有益的经验。

结　语

德国作为一个“后进国家变成先进国家”的典型，其现代化进程非常值得研究。

从一开始，德国的现代化进程就注定充满曲折。当英国和法国已经称霸全球时，德意志的大地上仍是四分五裂，拿破仑的入侵和占领，唤醒了德意志的民族热情。受到法国大革命的影响，建立一个统一的德意志帝国的意愿变得越来越强烈。俾斯麦通过三场王朝战争，将奥地利排除在外，以普鲁士为主体统一了德国。他谨慎的欧洲政策被威廉二世咄咄逼人的“世界政策”所毁坏，随后又有纳粹政权的上台和极权主义的兴起，两次世界大战让德国的世界地位一落千丈。以德国的分裂为代价的东西方“冷战”，更是将德国推向冲突双方的前沿。德国的再次统一以及以德法为火车头的欧盟，让德国在世界舞台上重新扮演起重要的角色。

耐人寻味的是，德国的现代化进程又恰好与科学和技术在德国的迅速发展几乎同步进行。从现代大学在德国的兴起，从高斯、克莱因到希尔伯特，从亥姆霍兹、基尔霍夫、赫兹、普朗克到爱因斯坦，数学和物理学在德国获得飞速发展，其他学科也是如此，从霍夫曼、李比希到哈伯，化学界人才辈出。19世纪末20世纪初的物理学革命就发生在德国。同时，我们也不能忘记，德国还是两次世界大战的策源地。军国主义曾经在德国泛滥成灾（反犹太集中营），而这一切也是在研究中必须要认真对待的。

本课题试图从教育（逐渐形成的完善体系、分工明确、研究型大学与研讨班以及流动性）、科研（分工明确、追求卓越、与国家利益结合）、工业（研究与应用紧密结合、中小企业、技术创新、专利、二元教育、劳工）与思想影响（制度与执行、理性化、中产阶级的价值观、社会公正与公众福利）四个方面对这一复杂现象进行分析。而恰恰是这些因素的结合，让德国在20世纪初，初步形成了一个国家创新体系。从早期的技术转移与简单模仿，到通过自主研发，形成完整的工业体系，克虏伯、西门子、通用电气（AEG）、狄塞尔、奔驰、巴斯夫、拜耳、爱克发等大中小企业功不可没。其典型例子是通过30多年的努力，“德国制造”（Made in Germany）的形象彻底改变。在这个过程中，学者的努力也不可忽视，比如，以克莱因为代表的“哥廷根传统”——从纯理论研究到理论与工业应用相结合就值得大书特书。工业实验室（西门子、霍夫曼、拜耳、蔡司）的建立，专利保护，社会福利与工业社会的平衡关系，都是值得我们关注的课题。

居安思危，永不满足现状是德国现代化进程中保持的一大特色。当其落后时，他们非常善于向强邻学习，英法的技术和资本引进，对于德国早期的现代化起到非常关键的作用；但当其处于鼎盛时期时，他们又担心被后来者赶上。当代德国公众对于环境的保护，对大学的改革，对工业4.0的勃勃雄心，都可以看成是其深谋远虑的表现。只有这样，才能清醒地认识到自身在世界上的地位。20世纪初，德国科学为世界上的其他地方建立了科学标准。二战后，德国科学得到了快速恢复，但总体来说，它在科学上已不占领先地位，甚至都不能说在某个学科领域占有优势。德国无疑还是科学上先进的国家，但已不再是一流国家。有人认为，这是“德国奇迹的终结”。（Dornbusch，1993）

科学在德国的发展历史令人深思，它曾经非常成功，也曾经麻烦不断，当环境变化时，它不得不改变自己去适应新的形势。一方面，它在20世纪经历了政治和意识形态之间的激烈变化；另一方面，它在科学政策方面又有重大的制度创新。历史学家们常常就“外部力量”和“内在因素”究竟谁更重要发生争论。德国科学史表明，这些力量和因素是以多种方式交织在一起的，既能产生积极的成果，也能带来灾难性的后果。

德国科学从创立之初一直受惠于制度创新，现在还受其影响。如何面对日益复杂的国际环境，迎接新的挑战，保持创新活力，已引起广泛讨论（Meyer-Krahmer（ed.），1999）。有一点是肯定的，需要更多制度创新的措施，让每一个作为研究人员、技术人员和其他角色的个体享有高度的个人自由，才能真正结出创新性的成果。没有这种个人自由的存在，一切都是空谈。一个好的科学政策，就是要创造一种有利于科学家个体创造得以充分发挥的环境。

诚如德国总理默克尔所说的，“德国政府认识到，我们的未来是依赖于知识的社会，而这一社会却又建立在自由和责任之上，这将使德国能够迎接当今世界的挑战，无论这种挑战是来自国家的还是全球的、经济的、社会的或生态的。这就是为什么促进科学、研究和创新是我的首要任务之一。我们同时计划给予科学和研究更大的自由。政府的任务就是创造条件，使科学和研究能蓬勃发展，并为之提供正确的刺激。这意味着我们的大学和研究机构必须更加独立。他们在选择自己的学生和员工，完善他们自己的形象，与工业界合作，以及花费他们认为合适的资金时需要更大的自由。”

提供最自由的环境，让最有天分的人能在其中做出最有创意的工作！这是德国目前科学政策的目标，也应该是中国近期或未来的科学政策的最高目标。

参考文献

鲍尔生, 1986. 德国教育史[M]. 滕大春, 滕大生, 译. 北京: 人民教育出版社.

贝尔纳, 2003. 科学的社会功能[M]. 陈体芳, 译. 桂林: 广西师范大学出版社: 206.

贝拉格, 1994. 威廉·冯·洪堡传[M]. 袁杰, 译. 北京: 商务印书馆: 69.

贝拉尼克, 拉尼斯, 1988. 科学技术与经济发展: 几国的历史与比较研究[M]. 胡定, 卢鹤纹, 冯承柏, 等译. 北京: 科学技术文献出版社.

戴维, 1988. 科学家在社会中的角色[M]. 赵佳苓, 译. 成都: 四川人民出版社.

本书编委会, 1996. 中国大学人文启思录(第1卷)[M]. 武汉: 华中科技大学出版社: 51.

波斯坦, 哈巴库克, 2002. 剑桥欧洲经济史(第六卷): 工业革命及其以后的经济发展: 收入、人口及技术变迁[M]. 王春法, 主译. 北京: 经济科学出版社.

博伊德, 金, 1986. 西方教育史[M]. 任宝祥, 吴元训, 主译. 北京: 人民教育出版社: 326-327.

布德瑞, 2003. 企业研究院[M]. 盛逢时, 译. 北京: 中信出版社.

陈凡, 1995. 技术社会化引论: 一种对技术的社会学研究[M]. 北京: 中国人民大学出版社: 63.

陈晓律, 2010. 世界现代化历程(西欧卷)[M]. 南京: 江苏人民出版社.

陈擢, 2005. 浅析德国现代化的进程与特点[J]. 湘潭大学学报(哲学社会科学版), 5: 70-72.

戴继强, 方在庆, 2004. 德国科技与教育发展[M]. 北京: 人民教育出版社.

丹皮尔, 2009. 科学史及其与哲学和宗教的关系[M]. 李珩, 译. 桂林: 广西师范大学出版社.

邓东皋, 孙小礼, 张祖贵, 2001. 数学与文化[M]. 北京: 北京大学出版社.

丁建弘, 2002. 德国通史[M]. 上海: 上海社会科学院出版社: 151.

恩道尔, 2008. 石油战争[M]. 赵刚, 等译. 北京: 知识产权出版社: 13.

方在庆, 2001. 德国的研究开发体系与创新系统[J]. 自然辩证法研究, 9: 42-46.

方在庆, 2004. 教研结合、同行评议与大科学规划——简论德国科学中的制度创新[J]. 科学文化评论, 6: 56-74.

方在庆, 2006. 爱因斯坦、德国科学与文化[M]. 北京: 北京大学出版社.

费尔顿克辛, 2004. 西门子传——手工作坊到跨国公司[M]. 李少辉, 王景涛, 译. 北京: 华夏出版社.

福尔，2002. 1945年以来的德国教育：概览与问题［M］. 肖辉英，陈德兴，戴继强，译. 北京：人民教育出版社：300.

弗里曼，卢桑，2007. 光阴似箭：从工业革命到信息革命［M］. 沈宏亮，主译. 北京：中国人民大学出版社.

何梦笔，2000. 德国秩序政策理论与实践文集［M］. 庞健，冯兴元，译. 上海：上海人民出版社：224-241.

黄鲁成，李阳，2004. 德国企业的R&D国际化——兼谈北京的现状［J］. 经济论坛，19：105-106.

卡勒尔，1999. 德意志人［M］. 黄正柏，邢来顺，袁正清，译. 北京：商务印书馆：286.

克拉潘，1965. 1815—1914年法国和德国的经济发展［M］. 傅梦弼，译. 北京：商务印书馆.

克劳，2008. 不情愿的革命者［J］. 陈珂珂，方在庆，译. 科学文化评论，5：23-30.

肯尼迪，2006. 大国的兴衰［M］. 陈景彪，等译. 北京：国际文化出版社.

李工真，2004. 哥廷根大学的历史考察［J］. 世界历史，3：72-84.

李工真，2005. 德意志道路——现代化进程研究［M］. 武汉：武汉大学出版社.

李鹏，刘彦，2011. 德国科研体系的发展及对我国创新基地建设的启示［J］. 科学管理研究，2：52-57.

李醒民，1988. 世纪之交的物理学革命为什么发端于德国？——一个值得探讨的科学社会史问题［J］. 科学与社会，1：124-153.

里德—西蒙斯，2008. 欧洲大学史［M］. 张斌贤，孙益，译. 保定：河北大学出版社：437.

刘立，1997. 科教兴国的机制——德国快速工业化的案例研究[J]. 科学技术与辩证法，4：56.

路甬祥，等，2001. 科学之旅[M]. 沈阳：辽宁教育出版社.

麦克马克，2004. 一个经典物理学家的梦魇[M]. 魏洪钟，许良，译. 上海：上海科学技术出版社.

彭正梅，2011. 德国教育学概观：从启蒙运动到当代[M]. 北京：北京大学出版社： 138-140.

平森，1987. 德国近现代史[M]. 范德一，译. 北京：商务印书馆：328.

钱德勒，2006a. 规模与范围：工业资本主义的原动力[M]. 张逸人，译. 北京：华夏出版社.

钱德勒，2006b. 塑造工业时代：现代化学工业和制药工业的非凡历程[M]. 罗仲伟，译. 北京：华夏出版社：143.

乔伟，李喜所，刘晓琴，1997. 德国克虏伯与晚清军事的近代化[J]. 南开学报，3：66.

任国强，2006. 对普鲁士历史评价中主流观点的反思[J]. 德国研究，1：44-49.

斯特恩，2004. 爱因斯坦恩怨史：德国科学的兴衰[M]. 方在庆，文亚，等译. 上海：上海科技教育出版社.

孙炳辉，郑寅达，1995. 德国史纲[M]. 上海：华东师范大学出版社：167.

孙周兴，2007. 威廉姆·洪堡的大学理念[J]. 同济大学学报（社会科学版），2：7-12.

外尔，2004. 德国的大学和科学[J]. 科学文化评论，2：83-100.

王洪奇，1997. 德国KWG学会的早期活动及其社会背景[J]. 科学技术与辩证法，6：37-41.

沃森，2016. 德国天才2：受教育中间阶层的崛起［M］. 王志华，译. 北京：商务印书馆.

吴友法，黄正柏，2000. 德国资本主义发展史［M］. 武汉：武汉大学出版社.

西蒙斯，2007. 科学家100人［M］. 王首燕，姜栋，译. 北京：当代世界出版社.

辛格，霍姆亚德，霍尔，等，2004. 技术史（第V卷）［M］. 远德玉，丁云龙，主译. 上海：上海科技教育出版社.

邢来顺，1998. 工业化与德意志帝国内外政策的调整［J］. 华中师范大学学报（人文社会科学版），3：113-119.

邢来顺，1999. 德国第一次工业革命述略［J］. 华中师范大学学报（人文社会科学版），6：86-89.

邢来顺，2001. 德国正确的产业发展战略与高速工业化［J］. 世界历史，5：41-49.

邢来顺，2003. 德意志帝国时期科技发展特点及其成因［J］. 史学集刊，1：73-77.

邢来顺，2004. 略论19世纪德国教育的发展趋势［J］. 华中师范大学学报（人文社会科学版），1：70-74.

邢来顺，吴友法，2002. 近代德国工业化过程中教育事业的发展［J］. 华中师范大学学报（人文社会科学版），6：99-105.

邢润川，李三虎，1989. 李比希学派及其成功原因分析［J］. 科学学研究，4：93.

徐冠华，2008. 科技全球化发展趋势如何应对全球化挑战和机遇［J］. 中国科技财富，12：72-75.

许良，2001. 亥姆霍兹与狭义相对论的创立［J］. 科学技术与辩证法，2：64-65.

羊海飞，丁建弘，2002. 浅谈德国统一与德国现代化［J］. 武汉大学学报（人文科学版），6：709.

耶金，1997. 石油风云［M］. 东方编译所，上海市政协翻译组，编译. 上海：上海译文出版社.

张帆，2012. 德国高等学校的兴衰与等级形成［M］. 北京：北京师范大学出版社.

张先恩，2010. 科技创新与强国之路［M］. 北京：化学工业出版社.

中国科学院规划战略局，中国科学院国际合作局，中国科学院国家科学图书馆，2008. 德国总理默克尔在马普学会年会上发表重要讲话［J］. 科学研究动态监测快报，17：1.

中山秀太郎，1985. 技术史入门［M］. 姜振寰，庞铁榆，译. 哈尔滨：黑龙江科学技术出版社：124.

周建明，2007. 第一次世界大战前的中德贸易［J］. 德国研究，22：46.

ARNOLD M，1892. Higher Schools and Universities in Germany［M］. London：Macmillan：152.

BERGER H，RITSCHL A，1995. Germany and the Political Economy of the Marshall Plan，1947—1952：A Re-Revisionist View［C］//Barry Eichengreen B. Europe's Post-War Recovery.Cambridge：Cambridge University Press：199-245.

BIRKENFELD W，1964. Der Synthetische Treibstoff 1933-1945［M］. Göttingen：Messerschmidt-Verlag.

BORCHEL R，2007.Parameter der Gründungs-und Innovationsintensität：in Deutschland und deren Erhöhung durch den Einsatz Web-Basierter Kommunikationslösungen［M］. Orléans：GRIN Verlag：21.

BRADY J S, CRAWFORD B, WILIARTY S E, 1999. The Postwar Transformation of Germany: Democracy, Prosperity, and Nationhood [M]. Michigan: University of Michigan Press: 12-13.

BROCKE B V, 1980. Hochschul-und Wissenschaftspolitik in Preußen und im Deutschen Kaiserreich 1882—1907: das "System Althoff" [C] //Baumgart P. Bildungspolitik in Preussen zur Zeit des Kaiserreichs. Stuttgart: Klett-Cotta.

BROCKE B V, 1991. Friedrich Althoff: A Great Figure in Higher Education Policy in Germany [J]. Minerva, 3: 284-285.

BURN D, 1961. The Economic History of Steelmaking, 1867—1939: A Study in Competition [M]. Cambridge: Cambridge University Press: 76-77.

BÜRKLIN W P, REBENSTORF H, 1997. Eliten in Deutschland, Rekrutierung und Integration [M]. Berlin: Springer Fachmedien Wiesbaden.

CAHAN D, 1993. Hermann von Helmholtz and the Foundations of Nineteenth-Century Science [M]. Berkeley: University of California Press.

DIETRICH J, 2002. The Morgenthau Plan: Soviet Influence on American Postwar Policy (eBook) [M]. Algora: Algora Publishing.

DORNBUSCH R, 1993. The End of the German Miracle [J]. Journal of Economic Literature, 13: 881-885.

ELLWEIN T, 1985. Die deutsche Universität, vom Mittelalter bis zur Gegenwart [M]. Königstein: Athenaum Verlag GmbH: 115.

FELDENKIRCHEN W, 1994. Werner von Siemens: Inventor and

International Entrepreneur [M]. Columbus: Chio State University Press.

FIFE R H, 1916. The German Empire Between Two Wars; A Study of the Political and Social Development of the Nation Between 1871 and 1914 [M]. New York: The Macmillan Company.

FLORA P, 1983. State, Economy, and Society in Western Europe 1815—1975: A Data Handbook. Volume 1, The Growth of Mass Democracies and Welfare States [M]. Chicago: James Press: 584.

FRANKE U, 2008. Asset Securitization im Gesundheitswesen: Erfahrungen in den USA und anderen Ländern als Basis einer Abwägung von Einsatzmöglichkeiten in Deutschland [M]. Berlin: Gabler Verlag 268.

FRED A, BENFEY O, 1991. A History of the International Chemical Industry [M]. Philadelphia: University of Pennsylvania Press.

FÜSSL K-H, 2004. Deutsch-amerikanischer Kulturaustausch im 20. Jahrhundert: Bildung-Wissenschaft-Politik [M]. Frankfurt/New York: Campus Verlag.

GEORGANO G N, 1990. Cars: Early and Vintage 1886—1930 [M]. London: Grange-Universal.

GILLISPIE C C, 1972. Vol. 6. Dictionary of Scientific Biography [M]. New York: Charles Scribner' s Sons: 253.

GILLISPIE C C, 1975. Vol. 7. Dictionary of Scientific Biography [M]. New York: Charles Scribner' s Sons: 425.

GLOTZ P, 1996. Im Kern Verrottet: Fünf vor Zwölf an Deutschlands Universitäten [M]. Stuttgar: Deutsche Verlags-Anstalt.

HABAKKUK J, 1966. Cambridge Economic History of Europe, Vol. 4 [M]. Cambridge: Cambridge University Press: 107.

HALL E T, HALL M R, 1990. Understanding Cultural Differences [M]. Yarmouth, ME: Intercultural Press: 55-56.

HARDACH K, 1981. The Political Economy of Germany in the 20th Century [M]. California: University of California Press: 225.

HARDING R, PATERSON W E, 2000. The Future of the German Economy: An End to the Miracle [M]. Manchester: Manchester University Press: 1-15.

HAYES P, 1987. Carl Bosch and Carl Krauch: Chemistry and the Political Economy of Germany, 1925—1945 [J]. The Journal of Economic History, 2: 358.

HENDERSON W O, 1975. The Rise of German Industrial Power, 1834—1914 [M]. Berkeley: University of California Press: 186.

HILPERT U, 2003. The Regionalization of Internationalized Innovation: Locations for Advanced Industrial Development and Disparities in Participation [M]. London: Routledge: 33.

HOGAN M J, 1989. The Marshall Plan: America, Britain and the Reconstruction of Western Europe, 1947—1952 [M]. Cambridge: Cambridge University Press.

HOWELLS J, 2005. The Management of Innovation and Technology: The Shaping of Technology and Institutions of the Market Economy [M]. London: SAGE Publications: 232-234.

HUGHES T, 1969. Technological Momentum in History: Hydrogenation in Germany 1898—1933 [J]. Past & Present, 1: 106-132.

ILO, 2002. Key Indicators of the Labour Market, 2001—2002 [M]. London: Routledge: 637-640.

JIN Z, 2011. Global Technological Change: From Hard Technology to Soft Technology [M]. znd ed. Bristol: Intellect Ltd: 143.

JUNGKUNZ B, 2008. Das Duale System der Berufsausbildung-So schlecht wie sein Ruf? [M]. Berlin: Logos Verlag Berlin GmbH.

KENNEDY P M, 1980. The Rise of the Anglo-German Antagonism, 1860—1914 [M]. London: Allen & Unwin: 45, 294.

KRAMMER A, 1978. Fueling the Third Reich [J]. Technology and Culture, 3: 394-422.

KÖNIG W, 2004. The Academy and the Engineering Sciences: An Unwelcome Royal Gift [J]. Minerva (42): 252.

LEGLER H, LICHT G, SPIELKAMP A, 2000. Germany's Technological Performance: A Study on Behalf of the German Federal Ministry of Education and Research [M]. Berlin: Springer: 23.

LISCHKE R-J, 1990. Friedrich Althoff und Sein Beitrag zur Entwicklung des Berliner Wissenschaftssystems an der Wende vom 19. zum 20. Jahrhundert [M]. Berlin: Sigma: 2 -24.

MEYER-KRAHMER F, 1999. Globalisation of R&D and Technology Markets, Consequences for National Innovation Policies [M]. Heidelberg: Physica-Verlag.

MEYER-THUROW G, 1982. The Industrialization of Invention: A Case Study from the German Chemical Industry [J]. Isis, 73 (268): 363.

MICHAEL K, NORMAN J V, 1988 Technology and Politics [M]. Durham, NC, and London: Duke University Press: 25.

MILLER D, 2006. Masters of the Air: America's Bomber Boys

Who Fought the Air War Against Nazi Germany [M]. New York: Simon & Schuster.

NEUGEBAUER D, 2007. Innovation and EU Competition Law-a Trade-off? The Next Generation Broadband Network in Germany from a Legal and Economic Perspective [M]. Orléans: GRIN Verlag: 1-2.

NIPPERDEY T, 1983. Deutsche Geschichte 1800—1866: Bürgerwelt und Starker Staat [M]. München: C.H.Beck.

OWEN-SMITH E, 2002. The German Economy [M]. London: Routledge: 448.

PAHL J P, HERKNER V, 2010. Handbuch Berufliche Fachrichtungen [M]. Bielerfeld: W. Bertelsmann Verlag: 858.

PETZINA D, 1968. Autarkiepolitik im dritten Reich: Der national-Sozialistische Vierjahresplan [M]. Stuttgart: Deutsche Verlags-Anstalt.

PFETSCH F R, 1974. Zur Entwicklung die Wissenschaftspolitik in Deutschland, 1750—1914 [M]. Berlin: Duncker & Humblot: 109-127.

PICHT G, 1968. Erwachsenenbildung, die Große Bildungsaufgabe der Zukunft [J]. Merkur, 22 (3): 193-208.

PRONAY N, WILSON K M, 1985. The Political Re-Education of Germany & Her Allies: After World War II [M]. London: Croom Helm.

RODRIGUES M J, 2009. Europe, Globalization and the Lisbon Agenda [M]. London: Edward Elgar Publishing Ltd: 93.

RUDOLF N, 2005. Implikationen der Globalisierung: Beeinflussung der Staatstätigkeit im Modernen Staat Durch Global Agierende Unternehmen [M]. Orléans: GRIN Verlag.

RUDY W, 1984. The Universities of Europe, 1100—1914 [M].

Cranbury: Associated University Press: 127.

SACHSSE M, 2009. Die Deutsche Bildungskatastrophe" Und Die Reformen Der 60er Jahre [M]. Orléans: GRIN Verlag: 3.

SCHANK C, 2011. Die Betriebswahl im dualen System der Berufsausbildung [M]. Berlin: Springer DE: 19-20.

SCHATZL E L, DIEZ J R, 2002. Technological Change and Regional Development in Europe [M]. Berlin: Springer: 112-132.

SCHNABEL C, WAGNER J, 1994.Industrial Relations and Trade Union Effects on Innovation in Germany [J]. LABOUR 8, 3: 489-504.

SHABAJ V, 2012. Krise des Konservativen Wohlfahrtsstaates am Deutschen Beispiel: Ursachen und Problemlösungen Zwischen Liberalisierung, Sozialdemokratie und Pfadabhängigkeit [M]. Orléans: GRIN Verlag.

SIEVERS M, 2008. Die Exzellenzinitiative-Ein Schritt in Richtung Deutsche Eliteuniversitäten [M]. Orléans: GRIN Verlag.

SPEER A, 1970. Inside the Third Reich [M]. New York and Toronto: Macmillan: 446-47.

STACHEL J, Beck A, Havas P, 1987. The Collected Papers of Albert Einstein, Vol. 1: The Early Years, 1897—1902 [M]. Princeton: Princeton University Press: 220.

STOKES R, 1985. The Oil Industry in Nazi Germany, 1936—1945 [J]. The Business History Review, 2: 254-277.

STRANGES A, 1984. Friedrich Bergius and the Rise of the German Synthetic Fuel Industry [J]. Isis, 4: 643-667.

SWEETING C G, 2004. Blood and Iron: the German Conquest of Sevastopol [M]. Dulles: Potomac Books Inc.: 68.

THUMFART A, 2004. Universität ohne Zukunft[M]. Frankfurt am Main: Suhrkamp: 205-221.

United Nations Conference on Trade and Development, 2005. World Investment Report 2005: Transnational Corporations And the Internationalization of R&D[M]. Geneva: United Nations Publications.

VEREECK L, 2001. Das Deutsche Wissenschaftswunder: Eine Ökonomische Analyse des Systems Althoff (1882—1907)[M]. Berlin: Duncker & Humboldt.

WEINGART P, TAUBERT N C, 2006. Das Wissensministerium: Ein halbes Jahrhundert Forschungs-und Bildungspolitik in Deutschland [M]. Weilerswist: Velbrück Wissenschaft.